区域国别学视域下的
法国研究

田珊珊◎著

图书在版编目(CIP)数据

区域国别学视域下的法国研究 / 田珊珊著. -- 北京：知识产权出版社，2024.12. -- ISBN 978-7-5130-9614-0

Ⅰ.D756.52

中国国家版本馆 CIP 数据核字第 20248TM290 号

责任编辑：刘　江　　　　　　责任校对：谷　洋
封面设计：杨杨工作室·张冀　　责任印制：刘译文

区域国别学视域下的法国研究
田珊珊　著

出版发行：知识产权出版社 有限责任公司	网　　址：http://www.ipph.cn
社　　址：北京市海淀区气象路 50 号院	邮　　编：100081
责编电话：010-82000860 转 8344	责编邮箱：liujiang@cnipr.com
发行电话：010-82000860 转 8101/8102	发行传真：010-82000893/82005070/82000270
印　　刷：天津嘉恒印务有限公司	经　　销：新华书店、各大网上书店及相关专业书店
开　　本：880mm×1230mm　1/32	印　　张：8
版　　次：2024 年 12 月第 1 版	印　　次：2024 年 12 月第 1 次印刷
字　　数：178 千字	定　　价：68.00 元
ISBN 978-7-5130-9614-0	

出版权专有　侵权必究
如有印装质量问题，本社负责调换。

引 言

法国的区域国别研究是近几年研究的热点。区域国别学成为一级学科后,法国国别的研究受到越来越多的关注。法国的社会保障制度、文化政策、教育、政治制度越来越成为法国研究学界的主要研究对象。

区域国别研究要求对一个国家的政治、经济、社会、文化有全面和系统的认识。对于法语专业的本科生、硕士生、博士生来说,对法国社会整体制度的深入研究将有利于对法国文化的再认识,对提升跨文化传播能力有着非常重要的意义。

现有的学术成果反映了法国社会的政治、经济、文化发展的现状和困境,系统地论述了法国社会所面临的危与机。然而,不可否认的是,从文化人类学角度深入阐释法国社会的核心价值观、思维模式、文化内核的成果少之又少。要深入地了解并认识法国社会,需要借助"基本担忧"和"集体想象"的文化研究方法探究法国社会的共同担忧,即共享价值观,提取出法国模式的文化内涵,以此认识到行为背后真正的文化意义,进行正确的文化归因。

当前,国际组织人才培养亟须跨文化研究方面的成果,即真正了解法国人的行为、偏好、文化价值观、思维模式、精神整体程序、意义系统。这要求对法国社会有深度的人类学考察。文化分为物质的、社会的、精神的三个层面,涵盖远古和现代的建筑物和人造物品,人们的行为和组织方式,以及对人们的行为进行约束的规范或制度,价值、信念以及世界观。[1] 与此相关的法国社会的研究成果还比较匮乏,即在一定意义上诠释法国社会占据主导的符号体系,根据社会场合和事件分析这一体系。这个角度下的法国研究值得深入下去,为法国研究学界提供研究资料。

本书分为法国社会保障制度研究、法国教育与职业文化研究、法国文学文化研究三个部分。其中法国社会保障制度研究独立成为一个部分的原因是笔者的博士论文和主要的研究领域聚焦在这一方面,同时笔者认为制度是文化的重要组成部分,法国社会保障制度的特点和特色也反映了法国社会的方方面面。对法国教育与职业文化的研究出于笔者的研究兴趣,认为法式的教育制度和职业文化根植于法国文化的核心价值观:在等级分化的结构上建立平等。对法国教育制度的剖析也是对法国至高无上的"平等观念"和难以舍弃的"贵族情结"的进一步解读。最后一部分聚焦法国的文学和文化,笔者对普鲁斯特的《追忆似水年华》抱有浓厚的兴趣,以社会学的研究专长研究文学,形成一篇跨学科的学术论文。对文化政策的研究是基于笔者开设的"法国文化"的公共课,对文化政策的解读有利于读者对"文化大国"进行深层次的理解。

法国社会保障制度研究对厘清整个法国社会的文化模式有着重要的意义。法国的社会保障制度不仅代表了法国的制度模式,也是一种文化模式。法国人在整个职业社会中寻求自己的社会地位,碎片化的模式也是法国长期以行会主义为特色的社会模式的反映。对社会保障制度的深入研究是洞察

---

[1] 周大鸣,秦红增. 文化人类学概论[M]. 广州:中山大学出版社,2009.

引　言

法国社会的文化机制的一个重要途径。

法国的对外传播策略具有强势输出和合作共赢的特征。通过"文化例外"和"文化多样性"的政策保护本国文化不受外来文化的侵袭。通过"双边"及"多边"合作的方式,与他国开展文化交流和合作。这种唯文化论的观点让法国在国际舞台上享有文化大国的盛誉和国际影响力,形成独具特色的对外传播路径,对于我国文化的对外传播有着一定的启示意义。

法国的教育体系特色鲜明,入学权平等、义务、免费、自由、世俗化是教育的主要原则。理论教学占据绝对崇高的地位。在大学校系统中,声望最高的综合工科学校只提供纯粹的理论教学(企业实习并非作为教学内容),实践教学只是在一些被称为"应用性"的学校才纳入课程设置之中,且比重非常有限。这种情况甚至影响到学生对所接受教育的定位。比如,力学在法国被视为数学的一个分支,在美国却变成了土木工程系的实践性科目,这给大学校出身的法国学生带来了很大的困惑。同样,在文理学院对未来教师的培养中,最被看重的是最理论化的部分,教学法及其他的实践知识则被看作次等的知识。尽管对此抨击的声音不绝于耳——批评者认为年轻教师在教学技能上准备不足——但重理论轻实践的现状很难改变,更何况教师这个职业群体所要捍卫的社会地位处于最高之列(通过严格的国家专门会考才能取得大学或高中教师职衔)。此外,法国的哲学教育也具有鲜明的特色,将哲学考试纳入高考科目体现了法国对批判性思维的重视。对法国教育体系的深入研究对于我国教育体系的完善和改革具有一定的借鉴意义。

法国的文学与文化堪称世界经典,每个时期的研究都带有一定的特色，许多人都是通过法国的文学作品、绘画或音乐认识和崇拜法国的，都在学习法国文化艺术中获得启蒙和汲取人类文化的精髓。艺术表现政治和社会生活、时代思想，也是我们了解世界、认识世界的窗口，尤其对于法国这样的文化大国。比较文学与跨文化研究近年来成为学界研究的热点，中法比较文学与文化的深入研究对中法文明的交流与互鉴意义重大。

笔者撰写此书的目的在于促进法国的区域国别研究，深化对法国社会制度、民族文化的研究，出更多更好的成果，为法国研究的学科建设添砖加瓦。

这本著作集合了笔者近十年在法国研究领域已发表和未发表的学术论文。聚焦社会保障制度、教育、文学文化等诸多领域，已发表的学术论文做了修改和补充，弥补了之前的不足，跟进了前沿的研究趋势，更新研究方法。希望和同行一起探讨和交流，如有欠妥之处，敬请批评指正。衷心感谢编辑的专业、认真和严谨，让这本学术专著可以顺利出版。

2024 年 6 月

目 录

第一部分　法国社会保障制度研究 …………… 1

法国社会保障制度研究综述及未来研究展望 …………… 3

社保制度安排对劳动关系价值观形成的作用机制
　——以法国为例 …………… 20

法国社会保障制度碎片化的文化成因 …………… 46

法国社会保障制度对劳动关系的影响 …………… 66

文化视角下社会保障研究的认识论与方法论问题
　——以法国社会保障体制为例 …………… 82

第二部分　法国教育与职业文化研究 …………… 103

区域国别学视角下的法国研究 …………… 105

法国的行会精神及其启示 …………… 120

法国的行会主义文化
　——《舌尖上的法国》的影视人类学解读 …………… 134

法国教育的困境：在等级分化的结构上建立平等 …………… 149

第三部分　法国文学文化研究 …………… 171

法国文化中高贵/低贱的对立
　——从普鲁斯特到布迪厄 …………… 173

基于民族文化视角的法国文化政策研究 …………… 195

论法国的行会主义精神 …………… 211

法国的对外文化传播策略研究 …………… 235

第一部分
法国社会保障制度研究

法国社会保障制度研究综述及未来研究展望

摘　要：法国社会保障制度研究近年来成为国别研究领域的热点之一。法国社会保障制度是其特殊的社会文化背景下的产物，兼具俾斯麦和贝弗里奇的混合型制度有其积极作用，体现在加强职业社会阶层的凝聚力方面，但消极作用也是学界讨论的热点，财政赤字、经济负担已成为法国模式的代名词。分析法国社会保障制度不能陷入政治、经济视角，未来研究趋势当立足于政治、经济、社会、文化多视角的综合考量，优化现有的制度体系，发挥法国传统的行会主义精神的力量以调动劳动者的积极性，加强法国经济的活力和竞争力，达到实现社会保障制度收支平衡的目标。

关键词：法国社会保障制度；行会主义精神；多视角

一、引　言

法国社会保障制度在全球享有盛誉，不仅在于普惠性质的、覆盖全民的福利体系，还以职业化的划分为特色，每个行业都有自身的一套制度体系。在高水平、广覆盖、多行业的制度下，财政赤字和亏空成为法国政府面临的困局，也引发了国内外经济学者、社会学者和文化学者的关注。法国社会保障制度应当走哪条路？颠覆性改革还是继续保护好行业利益阶层？本文立足分析法国社保制度研究的现状，厘清法国社保制度本身的基础理论和概念、内涵，对现有的研究情况进行梳理和分析，对未来的研究方向提出展望，对文化视角下的社会保障研究提出新的研究路径。

二、法国社会保障制度研究现状分析

（一）法国社会保障制度的财政危机

较多学者分析了法国社会保障制度的财政危机，认为福利水平高的社会保障体系导致法国政府负债累累，陷入经济困境。彭姝祎认为法国社会保障制度的财政危机连累了国家财政，法国的社保支出高于欧盟平均水平，公共债务占GDP比重逐年上升。巨额财政赤字和公债问题使法国政府屡屡受到欧盟的点名批评。❶ 钱运春指出，政府为了控制财政赤字而提出的增加税收的政策直接导致企业负担加重，资本外流，失业率上升，失业保险基金入不敷出，形成恶性循环。❷ 周弘提出法国医疗费用逐年攀升，老龄化的人口结构加重了退休保险和健康保险的压力，致使法国在欧盟国家中用于健康医疗方面的开支领先于其他国家，位居第一。❸ 郑秉文则认为碎片化的社保制度是加重财政负担的根源。法国养老制度财务不可持续的一个重要原因是由碎片化导致的不同碎片之间的待遇水平存在差距，具有攀高的趋势，不可逆转。

---

❶ 彭姝祎. 法国养老金改革的选择：参数改革及效果分析 [J]. 欧洲研究，2017（5）：46-59.

❷ 钱运春. 法国社会保障体制的行业特点、形成原因和改革困境 [J]. 世界经济研究，2004（10）：85-89.

❸ 周弘. 法国社会保障制度：危机与改革 [J]. 世界经济，1997（11）.

"特殊制度"的缴费水平较低，待遇水平较高，长此以往，国家不堪重负，仅以"特殊制度"覆盖的国铁公司和电气煤气公司免缴费 2.5 年计算，法国政府每年就至少需要承担 50 亿欧元的财政开支，而 110 万名退休者领取养老金，缴费人数大约只有 55 万人。25 年来"特殊制度"的预算从来就没有平衡过，它成了历届政府的一个财政包袱。❶ 学者们的观点聚焦社会保障制度的经济层面，认为法国社会保障制度的财政危机是导致法国社会危机的主要原因，是法国企业丧失竞争力的罪魁祸首。法国社会保障模式亟须改革和重构。

（二）碎片化社会保障制度的分析

关于碎片化社会保障制度的研究，彭姝祎指出利益集团博弈是造成法国社会保障制度根据不同职业划分为不同的制度的根本原因。在农业者、工商业工薪者和独立职业者之间存在福利待遇的显著差异。❷ 丁建定指出碎片化社保制度产生的原因是基于法国的行业互助传统、法国不断革命的政治传统，法国各社会群体间利益难以协调。❸ 田珊珊认为法国社会保障制度碎片化本质上反映的是法国社会结构以职业分层为特征的碎片化。这一制度安排根植于法国深厚的行会主义文化传统以及职业荣誉感。从一定程度上认可了碎片化的

---

❶ 郑秉文．法国高度碎片化的社保制度及对我国的启示 [J]．天津社会保险，2008（3）．
❷ 彭姝祎．法国退休制度的改革历程和特点 [J]．法国研究，2014（4）．
❸ 丁建定．社会保障制度论：西方的实践与中国的探索 [M]．北京：社会科学文献出版社，2016．

合理性和必然性。❶ 彭姝祎分析了法国社会保障制度碎片化带来的消极影响，认为它导致社保体系管理成本高、难度大、效率低，损害了社会公平，加重了财政危机，限制了职业流动，造成了劳动力市场的僵化。❷

（三）法国社会保障制度的文化分析

法国社会保障制度的文化分析主要从社保制度的文化功能入手，强调其在加强职业团结和职业凝聚力方面的积极作用。布鲁诺·巴列（Bruno Palier）指出法国的社会保障制度，考虑到其行业差别，有益于不同职业群体的社会融入，每个职业群体看到他们的身份通过制度得以确认和加强。❸ 罗伯特·卡斯特尔（Robert Castel）认为法国社会保障制度是法国等级社会的反映，每个社会阶层力争自己的利益，显示其与其他阶层的区别。❹ 田珊珊认为社会保障制度是一个真正的文化问题。法国的社会保障制度反映了法国的行会主义文化特征，即每一种行业都有自己的社会保障制度，甚至同一行业内部也会因企业规模、企业性质、地区差异等形成

---

❶ 田珊珊. 社会文化视角下法国社会保障制度"碎片化"特征解析 [J]. 社会保障评论，2017（2）.

❷ 彭姝祎. 法国养老金改革的选择：参数改革及效果分析 [J]. 欧洲研究，2017（5）.

❸ B. Palier. Gouverner la sécurité sociale: les réformes du système français de protection sociale depuis 1945 [M]. Paris: Presses Universitaires de France, 2002.

❹ R. Castel. Les metamorphoses de la question sociale [M]. Paris: Fayard, 1995.

不同类别的社会保障制度。[1] 因此，社会保障制度不仅是调节收入分配的经济手段及政治手段，还是适应文化价值观的一套制度体系。法国社会保障制度安排的"碎片化"体现并维护职业身份的"碎片化"。表面上看，这是由众多职业群体的福利攀比，以及各种政治力量的较量所导致的。但通过"基本担忧"和"集体想象"的文化研究分析得出，法国社会保障制度的"碎片化"的制度安排是缓解法国社会"基本担忧"的重要手段，也在职业身份认同这个"集体想象"中被赋予意义。法国社会是以职业分层和分化为基础，以职业身份认同为导向的"等级化"社会，其共同生活的方式遵循着"荣誉的逻辑"。以"碎片化"为典型特征的法国社会保障制度，承载了法国社会悠久的行会主义传统，在制度层面维系着职业身份系统的同时，也成为"荣誉的逻辑"不可或缺的制度支撑。

（四）法国社会保障制度的改革研究

李姿姿指出，自1980年以来，法国社会保障制度进行了一系列改革，取得了一定的成效。从职业权向公民权的转变将没有进入劳动力市场的人群纳入社保体系中，体现了社保制度的全民性。国家的作用在社会保障体系中不断扩大。加强公共资金在社会保障中的比例，降低雇主和雇员分摊金的比例。利用政府调控扩大社会保障的覆盖面并提高保障水

---

[1] 田珊珊. 文化视角下社会保障研究的认识论与方法论问题 [J]. 南昌大学学报（人文社会科学版），2013（2）.

平。❶ 丁建定介绍了法国退休金制度改革的内容以及改革举步维艰的原因。1982年的法国退休金制度改革提出根据工资最好10年的平均数改为工资最好25年的平均数。1993年，法国再次出台退休金改革方案，提出退休金缴费资格季度每年增加一个季度，获得全额退休金者的缴费资格季度从160个季度过渡到170个季度，退休金计算所依据的最好工资年数每年增加一个年度，直到过渡到按照20~25年最好平均工资计算。1995年，法国总理朱佩提出的社会保障改革计划提出改革特殊退休金制度，引发了全国大罢工，导致朱佩政府被迫下台。2007年5月，萨科奇提出建立一种新的社会发展模式，主张延长工作时间，改革特殊退休金，实现退休金制度的公平化，实现公有与私营部门退休计划的一致，这一改革计划再次遇到巨大的阻力，造成特殊制度受益人群的全国大罢工。整体的研究显示法国社会保障制度改革进程缓慢，虽在退休金改革方面有延长缴费年限和工作时间的举措，并试图将公共部门职员的养老金计划与私营企业雇员保持一致，然而最终在利益集团的反对声中被搁浅。❷ 彭姝祎提出法国自2010年以来的所有养老金改革措施推迟了退休年龄和领取全额养老金的年龄，促使改革在达到减支目的的同时，取得了增收的效果。这也证明法国的养老改革虽然进程缓慢，屡遇困境，但一直有尝

---

❶ 李姿姿. 法国社会保障制度改革及其启示 [J]. 经济社会体制比较，2010（2）.

❷ 丁建定. 举步维艰的法国退休金制度改革 [J]. 学习与实践，2010（5）.

试和改进的趋势，效果也很明显。❶

（五）法国社会保障制度的介绍

弗朗西斯·凯斯勒（Francis Kessler）撰写的《法国社会保障制度》，讲述了法国社会保障制度的发展演变，从无差别的保障手段到针对特定人口的社会保障措施，再到建立覆盖全民的社会保障。该著作概述了法国的农业社会保障制度、特殊制度及多元的自雇人员保障制度。❷ 白澎等论述了从"二战"后至 2007 年法国社会的经济变革以及社保制度的调整，法国社会保障制度的发展沿革以及行业化社会保障制度产生的原因。❸ 亨利·哈茨菲尔德（Henri Hatzfeld）描写了 1850—1940 年整个法国社会保障制度发展的历程，从为贫困线以下的人群提供救济到行业互助，再到建立正式的社会保障制度，法国的社会保障制度的行业互助精神是制度的核心精神。❹ 米歇尔·特雷福斯（Michel Dreyfus）分析了互助传统对社会保障建立的作用，法国从中世纪诞生的行会到 18 世纪后期的互助会，再到 19 世纪 60 年代工会的建立，都秉持着行业互助、职业团结的理念，这也为 1945 年混合

---

❶ 彭姝祎. 法国养老金改革的选择：参数改革及效果分析 [J]. 欧洲研究, 2017（5）.

❷ 弗朗西斯·凯斯勒. 法国社会保障制度 [M]. 于秀丽, 李之群, 译. 北京：中国劳动社会保障出版社, 2012.

❸ 白澎, 叶正欣, 王硕. 法国社会保障制度 [M]. 上海：上海人民出版社, 2012.

❹ Henri Halzfeld. Du paupérisme à la sécurité sociale 1850 - 1904é [M]. Nancy: Presses Universitaires de Nancy, 2004.

型社会保障制度的建立提供了文化根基。❶皮埃尔·拉罗克（Pierre Laroque）指出法国社会保障制度的原则是统一性原则、普惠性原则、合作主义原则。统一性原则旨在建立一个统一的、惠及全民的制度；普惠性的目标是使社会保障制度的受益者为全民，不论他们是劳动者还是非劳动者，不论他们的职业阶层如何；合作主义意指在基金管理模式上由雇主和雇员共同管理。❷

三、法国社保制度的理论体系

法国社会保障制度被称为兼具"贝弗里奇"和"俾斯麦"的，也被称为"混合型"模式，即既具有普惠性和全民性，又具有职业性。法国社会保障制度设立了"3U"原则，分别为统一（Unity）、全民（Universalite）、均衡（Uniformite）。除此之外，法国根据不同的职业群体建立了四大制度，分别为：一般制度、农业制度、非农领薪制度、特殊制度。一般制度涉及私有工商业部门的员工，还包括学生、非领薪作家、战争遗孤、失业者、实习生等。农业制度覆盖农业相关雇佣劳动者、个体农业劳动者和小农劳动者。非农领薪制度涉及个体劳动者，主要有手工业者、自由职业者、个体工商业者。特殊制度是法国社会保障制度最具特色的制度，也是最具"碎片化"的制度。特殊制度涵盖11个"大制度"和9个"小制度"。11个"大制度"为公务员制度、

---

❶ Michel Dreyfus. Liberté, égalité, mutua lité [M]. Paris: Patrimoine, 2001.

❷ P. Laroque. Le plan français de sécurité sociale [J]. Revue française du travail, 1946, 4 (1).

电气和煤气制度、国铁公司制度、巴黎公交公司制度、海员制度、矿工制度、神职人员与公证员制度、法兰西银行制度、地方公职人员制度、国营工人制度、军队制度。9个"小制度"是烟草业退休制度、歌剧与喜剧退休制度、剧院退休制度、储蓄所退休制度、特殊行业退休金库制度、工伤事故基金、农业工伤基金、特殊地区集体制度、国民议会退休制度。特殊制度的优越性体现在医疗、养老保险、家庭补贴等各个方面。比如，在养老保险方面，特殊危险的行业可以享受提前退休的待遇，比如海员、矿工、国铁司机、巴黎歌剧院演员等。特殊制度的退休金可以达到在职工资的75%，而一般制度只有50%。除此之外，特殊制度的退休金较少受经济危机的冲击，给付水平稳定，整体水平高于私有部门雇员。在养老金转移配偶政策上，特殊制度不受一般制度中年龄和收入的限制，可享受配偶工资50%的待遇。在医疗保险方面，特殊制度受益者可享受免费医疗。定期发放的医疗补贴也比一般制度优越。在工伤保险方面，特殊制度中的公务员制度可以直接将工伤保险挂靠在退休保险下，而一般制度只是在员工不能工作期间给予一定补贴。家庭补贴方面，特殊制度设有补充性补贴，如公务员和军人的补充家庭补贴。除此之外，一些行业可以享受特有的优惠政策，这虽然不属于社会保障的范围，但也成为特殊制度的一种特色。例如，法国电力公司的员工用电只付正常电价的十分之一，法兰西银行雇员的贷款只缴纳低价利率。

　　法国行业化的社保制度为每个人建立了一个特别制度，特别制度建立的依据是行业的危险系数和艰辛程度。职业荣誉感和行会主义精神阐释了行业规范和职业责任感。行业化的社保制度通过对不同行业和职业群体的关注和尊重，重塑职业荣誉感和行会主义精神，正如卡斯特尔提出的："社会保障制度模型是法国职业社会的缩影，每个在等级社会中的职业群体唯恐失去自身的特权，竭力得到别人的认可，并显示他与别的职业群体的不同。"[1] 行会主义文化是法国社会保障制度行业化的土壤，法国社会保障制度为行会主义文化提供了制度保障，两者相辅相成，彼此促进。

除此之外，法国致力于推行反贫困与社会排斥政策，将生活水平低于贫困线以下的人纳入保障范围。法国的反贫困政策主要有：最低待业生活保障金、单亲补助、成年残疾人补助、国家团结互助体制失业津贴、安置津贴、补充养老津贴、鳏寡津贴、残疾补充津贴、团结互助收入等制度。法国将职业权和公民权纳入福利体系的建设目标上，对丧失劳动能力的人群给予最低程度的保障。全民医疗保险制度（Couverture Maladie Universelle，CMU）法案为法国和海外省居民提供了普遍享受医疗保险的权利，最低收入人群可享受补充医疗保险和更多的医疗费用减免。积极互助收入津贴（Revenude Solidarité active，RSA）制度以家庭为单位发放差额补贴。它是法律规定的保障收入和家庭收入总额的差额。只要受助者职业收入低于规定的保障收入，RSA 津贴就相应地发放，它的数额随着收入的增加而逐渐减少。融入社会最低收入（Revenu Minimum d'Insertion，RMI）规定任何人因为年龄、身体状态、心理状态、经济状况、工作状况处于没有

---

[1] R. Castel. Les metamorphoses de la question sociale [M]. Paris: Fayard, 1995: 117.

工作能力的情况，有权获得最基本的生活保障。法国投入在反贫困与社会排斥上的资金占社会保障支出的11.5%，涉及的种类有残疾人津贴、鳏寡津贴、社会融入津贴、特别团结津贴、单亲父母津贴、妊娠妇女津贴、丧失劳动能力津贴。

四、未来研究方向展望

（一）文化理论的未来研究方向

迄今为止，学者们从不同的视角对法国社会保障制度进行了丰富的研究，并取得了丰硕的成果，但还存在一定的局限性和不足。主流观点认为社会保障制度由经济因素决定，但忽视了社会、政治及文化等因素。真正把握一个国家的社会保障制度的现实，必须要理解该国过去的历史遗产和文化传统。❶ 文化的多样性决定着社会保障制度模式的多样性，法国的社会保障改革与发展必定会打上有法国特色的烙印，其社会保障制度也会反映法国文化。但是这一角度的研究成果不足，导致评判法国社会保障制度的角度略显单一。张军提出福利文化是社会保障研究的新视角，福利文化是社会保障制度的内驱力，它决定了社会保障制度的起源和发展。❷ 于洪提出"一个国家某项制度或相关政策的确立往往反映出

---

❶ 朴炳铉. 社会福利与文化——用文化解析社会福利的发展 [M]. 北京：商务印书馆，2012.

❷ 张军. 社会保障制度的福利文化解析——基于历史和比较的视角 [D]. 成都：西南财经大学，2010.

当时占社会主导地位的价值观和社会信仰"。❶ 由此，研究法国特殊的福利文化，有利于理解法国整个社会保障制度的发展脉络和方向，理解改革的困境。从文化的角度，把法国的社会保障制度放在其所依附的社会结构中去考察，能够帮助我们突破狭隘的研究路径，认识到法国社会保障制度形成的历史必然性和文化合理性。

法国的社会保障制度是在其特殊的历史文化背景下产生的，职业荣誉感和行会主义精神从路易十四统治时期至今都是法国社会的劳动价值观，这一价值观背后的制度支撑也具有重要的现实意义，社会改革不能忽视这一文化传统，要在尊重它的基础上寻求革新路径，要通过完善制度、发挥自身优势来解决改革困境。

（二）全民医疗保险的未来研究方向

法国医疗保障的特色享誉世界，全民医疗保险制度（CMU）旨在将医疗保障拓展至全民，不仅职业劳动者受益，失业者、学生等无业人群也是受益者。全民医疗保险将在法国定居的人群纳入保障范围，实现了社保计划中的"普惠性"原则，也体现了社会公平与公正。但从现有的研究成果来看，以医疗保障为主题的专题研究有所欠缺，期刊论文成果较少，未来有很大的研究空间。法国医疗保险体系的原则是每位合法固定居住在法国的社会成员（包括外国人）都有权利享受社会保障，并且按照其劳动收入缴纳社会保险费，

---

❶ 于洪. 中国传统社会保障制度体系建构的内在逻辑探究——基于文化与价值观的视角［J］. 社会保障评论，2024（1）.

然后依据其健康状况获得保险金赔付。国家制定全国统一的社会保险政策标准，统一征收、赔付、服务。利用专门的社会保险系统实行社会统筹共济，提供获得医疗服务的保障。基于公共服务的公平原则，推行全民保险，包括没有收入没有缴费的人。全国 500 万月收入低于 600 欧元的弱势人口，也享受免费医疗。❶ 除此之外，法国为每位公民提供治疗跟踪措施，使被保险人按期接受诊断与治疗，享受完善的医疗保护。这项具有法国特色的医疗保障服务体现了全民医保公平的原则，值得深入研究，从而为我国的医疗保障改革提供借鉴。

(三) 以家庭政策的深入研究作为未来的研究方向

法国的家庭政策是法国社保制度的特色之一。目前国内研究家庭政策的期刊论文有 6 篇，主要有张金岭的《法国家庭政策的制度建构：理念与经验》❷，王蕾的《法国家庭政策与托幼服务体系》❸，马春华的《瑞典和法国家庭政策的启示》❹ 等。国外的论著主要有法国家庭政策的整体介绍，比如，布鲁诺·贝图瓦特（Bruno Béthouart）的《家庭补贴：法国的历史》(*Prestations familiales：une histoire française*)❺

---

❶ 白澎，叶正欣，王硕. 法国社会保障制度［M］. 上海：上海人民出版社，2012.

❷ 张金岭. 法国家庭政策的制度建构：理念与经验［J］. 国外社会科学，2017（4）.

❸ 王蕾. 法国家庭政策与托幼服务体系［J］. 法国研究，2019（2）.

❹ 马春华. 瑞典和法国家庭政策的启示［J］. 妇女研究论丛，2016（2）.

❺ B. Béthouart. Prestations familiales：une histoire française［M］. Paris：la Documentation française，2012.

和多米尼克·赛卡尔迪（Dominique Ceccaldi）的《法国家庭补贴历史》(Histoire des prestations familiales en France)❶。现有成果详尽介绍了法国家庭政策的理念以及妇女在平衡家庭和就业以及幼儿照顾方面的贡献，彰显了法国特色。未来研究方向可以更加细化，侧重法国家庭政策的细则，即针对不同职业、不同社会人群的保障力度及具体条款，以及法国家庭政策对个体化以及家庭组成方式的影响、对家庭关系及就业的影响。

（四）法国社会保障史的研究

目前国内外对法国社会保障史的研究较为匮乏，主要有米歇尔·德雷福斯（Michel Dreufus）的论著《自由，平等，互助》(Liberté, égalité, mutualité)❷，亨利·哈茨菲尔德（Henri Hatzfeld）的著作《从贫困到社会保险：1850—1940》(Du paupérisme à la sécurité sociale 1850-1940)❸。对社会保障史的深入研究有利于厘清法国社会保障制度形成的原因、社会文化基础以及未来改革的方向。法国社会保障制度是由互助会发展起来的，互助传统使得社会保障制度的发展脉络持续保持行业互助的特点，从17世纪开始的海员制度、公务员制度、矿工制度到1945年现代社会保障制度的建立呈现

---

❶ D. Ceccaldi. Histoire des prestations familiales en France [M]. Paris: la Documentation française, 2005.

❷ M. Dreufus. Liberté, égalité, mutualité [M]. Paris: les Editions de l'Atelier, 2001.

❸ H. Hatzfeld. Du paupérisme à la sécurité sociale 1850-1940 [M]. Nancy: Presses Universitaires de Nancy, 2004.

出混合性特征。尽管法国社会保障制度尝试了一系列改革，但制度发展的核心逻辑始终是稳定不变的，即根深蒂固的行会主义文化。这也决定了改革不可能一蹴而就。总之，对社会保障史的深入研究有利于厘清法国社会保障制度发展的历史文化内涵，对法国现代社会保障制度的改革提出理性、适合的方案。

参考文献

[1] 白澎，叶正欣，王硕．法国社会保障制度［M］．上海：上海人民出版社，2012．

[2] 丁建定．举步维艰的法国退休金制度改革［J］．学习与实践，2010（5）．

[3] 丁建定．社会保障制度论：西方的实践与中国的探索［M］．北京：社会科学文献出版社，2016．

[4] 李姿姿．法国社会保障制度改革及其启示［J］．经济社会体制比较，2010（2）．

[5] 马春华．瑞典和法国家庭政策的启示［J］．妇女研究论丛，2016（2）．

[6] 彭姝祎．法国退休制度的改革历程和特点［J］．法国研究，2014（4）．

[7] 彭姝祎．法国养老金改革的选择：参数改革及效果分析［J］．欧洲研究，2017（5）．

[8] 朴炳铉．社会福利与文化——用文化解析社会福利的发展［M］．北京：商务印书馆，2012．

[9] 钱运春．法国社会保障制度的行业特点、形成原因和改

革困境［J］.世界经济研究，2004（10）.

［10］田珊珊.文化视角下社会保障研究的认识论与方法论问题［J］.南昌大学学报（人文社会科学版），2013（2）.

［11］田珊珊.社会文化视角下法国社会保障制度"碎片化"特征解析［J］.社会保障评论，2017（2）.

［12］王蕾.法国家庭政策与托幼服务体系［J］.法国研究，2019（2）.

［13］于洪.中国传统社会保障制度体系建构的内在逻辑探究——基于文化与价值观的视角［J］.社会保障评论，2024（1）.

［14］张金岭.法国家庭政策的制度建构：理念与经验［J］.国外社会科学，2017（4）.

［15］张军.社会保障制度的福利文化解析——基于历史和比较的视角［D］.重庆：西南财经大学，2010.

［16］郑秉文.法国高度碎片化的社保制度及对我国的启示［J］.天津社会保险，2008（3）.

［17］周弘.法国社会保障制度：危机与改革［J］.世界经济，1997（11）.

［18］B. Palier. Gouverner la sécurité sociale：les réformes du système français de protection sociale depuis 1945［M］. Paris：Presses Universitaires de France，2002.

［19］B. Béthouart. Prestations familiales：une histoire française［M］. Paris：la Documentation française，2012.

［20］D. Ceccaldi. Histoire des prestations familiales en France［M］. Paris：la Documentation française，2005.

[21] H. Hatzfeld. Du paupérisme à la sécurité sociale 1850 - 1940 [M]. Nancy: Presses Universitaires de Nancy, 2004.

[22] M. Drefus. Liberté, égalité, mutualité [M]. Paris: les Editions de l'Atelier, 2001.

[23] P. Laroque. le plan français de sécurité sociale [J]. Revue française du travail, 1946, 4 (1).

[24] R. Castel. Les metamorphoses de la question sociale [M]. Paris: Fayard, 1995.

社保制度安排对劳动关系价值观形成的作用机制

——以法国为例

摘　要：法国社会劳动关系，遵循着一种独特的"荣誉的逻辑"（职业荣誉感），特色鲜明。这种劳动关系价值观不仅是声誉卓著的"法国制造"的重要保障，也对法国的整体社会关系产生了重要影响。劳动关系价值观的形成是历史性的，但现代社会的制度性安排也起到了不可或缺的支撑作用。其中直接作用于劳动关系的社会保障制度尤为重要。法国"行会化"的社保制度通过差异化原则，体现出对不同行业"集体荣誉"的尊重与捍卫，促使劳动者在面对激烈的社会转型所带来的各种职业冲击和危机中依然能够注重工作的内在价值。社保制度这一重要的文化功能需要在制度设计中得到重视。

关键词：法国社保制度；劳动关系；行会主义；荣誉的逻辑

一、荣誉的逻辑：法国社会核心价值观

"荣誉的逻辑"一词是法国社会学家菲利普·迪尔巴尔纳（Philippe D'Iribarne，又译为菲利普·迪里巴尔纳）在社会学著作《荣誉的逻辑》中提出的，是一种工作价值观的概

念，即"一旦处于某种地位，不要做也不要让人做使人感到我们配不上这种地位的事"[1]。迪尔巴尔纳将高贵的工作和低贱的工作对立，高贵的工作是按照职业传统和行业准则要求自己，出于内在的责任感履行工作上的义务和职责。低贱的工作则是违背职业道德和行业规则，逃避责任，敷衍对待工作的行为。在"荣誉的逻辑"价值观引导下的职业个体不需要上级或规章制度来对其行为进行约束，而是通过职业本身赋予的本能自主完成工作。

迪尔巴尔纳通过比较文化的方式描述法国文化的这一独特之处。他研究了一家工厂在法国的母公司，以及其在美国和荷兰的子公司。他在工厂里进行观察并和员工进行谈话以便了解公司运作的每个情况。他的调查让他能够了解三个工厂管理方式的重要差异，尽管三者都属于正式的管理模式。在他看来，"这些模式不是工业世界中'工薪关系'组织特定模式的简单成果，它们根植于过去的百年历史中"，且"决不能忘记其一致性的部分来自根植于历史中的原则，也是这些原则主宰着他们的观念"[2]。从这个角度来看，法国的"荣誉的逻辑"解释了法国人目前维持的工作关系。

荣誉的逻辑的第一个方面解释了一种独特的责任感。当法国人谈论工作生活时，无论他是工人、农民、企业雇员、官员或自由职业者，这种关于人们在社会中所占的特殊地位和"角色"的参考可以说无处不在，而且使用的字眼也会根

---

[1] 菲利普·迪里巴尔纳. 荣誉的逻辑 [M]. 马国华，葛智强，译. 北京：商务印书馆，2005：81.

[2] P. D'Iribarne. La logique de l'honneur：Gestion des entreprises et traditions nationales [M]. Paris：Le Seuil, 1989：21.

据每个人的工作而略有不同。举例来说,提起在形式上特别有挑战性的言语,其中心思想都表达了一个被广泛认同的观点:"不应该由家长来告诉老师(中等教育老师)在课堂上该做什么,更不该是在位的政治家、商界领袖、阿訇、主教或在角落的参议员。老师对其所任科目负有一定责任。"❶

这种工作方式不属于某些社会职业种类的固有特征,这在整个法国社会无处不在。因此,我们在一个朴实的工头身上也可以发现。❷ 为了证明,他自认为有权采取某种类型的决定,从而在没有向任何人征询意见的情况下,该工头即宣布了其"作为技术员"的职责部分。其独自决定成为一位技术员,他认为这是他职责中重要的一部分。将其本人视为一个种类的一个组成部分,每个成员都清楚自己的职责范围和内容。事实上,这意味着工作关系中更具灵活性,也就是说公司如果有太多非正式调整,则员工会自行解决很多问题,因为这是他的责任,他将其视为荣誉问题,去履行不属于书面规章制度规定的工作职责。

在圣·伯努瓦工厂里,每个员工把工作视为其该履行的义务。这一惯例制定了"地位义务,标准则是根据人们所属的特殊种类"。❸ 这些义务,不仅是工作的书面定义,同时也充当了其工作的执行参照物。事实上,每个员工固有的义务也就是其所属地位的固有义务。换句话说,生产工头有自己

---

❶ P. D'Iribarne. l'étrangeté française [M]. Paris: Le Seuil, 2006: 35.

❷ P. D'Iribarne. La logique de l'honneur: Gestion des entreprises et traditions nationales [M]. Paris: Le Seuil, 1989: 23.

❸ P. D'Iribarne. La logique de l'honneur: Gestion des entreprises et traditions nationales [M]. Paris: Le Seuil, 1989: 27.

的固有职责，就如同维修技术员或机械操作员也有属于自己的职责。企业事实上同样应根据工作岗位系统进行组织，设有和特殊职责相对应的职业地位。

社会中所占据地位和所做之事之间的关系要经历这样一个事实，即必须和地位内在需求处于同一高度，即我们要保住自己的地位。"我的使命，是一个贵族，……而且我认为是值得的，以我决定的方式。"这条引文的使用可以让人回归自己的职责。因此，法航飞行员成了工会报纸的攻击对象，因为他们以罢工相要挟之时国家可能会因此而遭受巨大损失："飞行员不知道抵抗诱惑。……仿佛一个行业的贵族不需要行使其社会以及职业义务。"❶

在法国，迪尔巴尔纳向我们解释了工作系统和荣誉的逻辑以一种共同生活的方式决定着整个社会的运转，而这种方式源于印欧文化以及中世纪秩序社会。这三个秩序或地位为教士、贵族和第三等级，每个等级内部又有不同的亚等级。因此，托克维尔写道："想要准确描述贵族秩序，就被迫采取多种分类，必须区别佩剑贵族和礼服贵族，宫廷贵族和外省贵族，旧时贵族和新晋贵族；我们可以发现在这个小社会中有着和其只占一部分的普遍社会一样多的小差别和等级。"❷

法国大革命也未能成功让这种秩序体系消失，最终还是荣誉的逻辑占了上风，而贵族阶级（纯血统）和劣等阶级

---

❶ P. D'Iribarne. La logique de l'honneur：Gestion des entreprises et traditions nationales [M]. Paris：Le Seuil, 1989：21.

❷ P. D'Iribarne. La logique de l'honneur：Gestion des entreprises et traditions nationales [M]. Paris：Le Seuil, 1989：62.

（不纯血统）的对立是这个逻辑的核心。事实上，每个地位"都被承担责任的苛刻概念标记着，并将这一事实强加给其成员，而无须等待让其负责的权力：要求履行其所负有的职责，而这些已超出所有法律或合同义务以及任何形式制裁"❶。从事一个职业，不仅是完成一些任务，而且是进入一个社会地位中，地位所包含的义务不仅与工作地位（职业义务）相关，也与整个社会（社会义务）相关。

法国人的责任感与工作关系中更大的自由度是同时产生的。如果是职业依靠其"内在逻辑"，定义人们必须履行的义务以及要承担的责任，那么我们所能支配的自主权就不再是过去合同中出现的一般自主权，这是一种特殊自主权，与行业的特殊传统以及托克维尔针对旧政权提出的"例外和特权概念"联系在一起。❷ 拥有一份职业，属于一个行业，投身于承载有荣誉形式的深厚传统之中，我们有义务保持这种荣誉，同时认为它是值得的并对抗在这一点上缺乏尊重的人。事实上，每个工作岗位（"地位"）——服务代理、技术人员、秘书或管理人员都有一个关于其工作的贵族概念，并反对其他人在自己的工作领域通过过多干预对其工作进行贬低的行为。

在圣·伯努瓦工厂里，对工作的固有概念使工头进行了责任的自行分配，而无须他人委托。每个人都准备好心悦诚服地接受这样的工作，拒绝另一个，或不加掩饰地拖拖拉拉

---

❶ P. D'Iribarne. La logique de l'honneur：Gestion des entreprises et traditions nationales [M]. Paris：Le Seuil, 1989：58.

❷ D. Tocuqeville. L'Ancien régime et la révolution [M]. Paris：Gallimard, 1952：176-177.

的服从，以表示自己认为它不值得。因此，迪尔巴尔纳写道："……即使规则和程序已经正式实施，每个人会根据其个人意见接受或不予采纳，而不会真正受所写内容的约束。在'官方'和'非官方'之间存在相当大的差距，当事人不会对差距故弄玄虚……"[1]

同时，法国人的自主义务观念让位给了具有反叛精神的权力机关，该精神认为任何监管都是"等级制度的干预"，同样，迪尔巴尔纳写道："它甚至反对上级紧缩账户的要求；当然不会真的违法，下属会自我保护对抗等级制度的'干预'并实行一些暗箱操作。"[2] 因此监管蒙上了一丝让人不舒服的感觉：它变成了一种不当干预，在其中只能依靠个人关系或良知。"我在这里看到，一个工头表示，特别是那些很一丝不苟的人，尤其是不能触犯到他们的自尊心，怎么说呢？例如'你没做好你的工作'，他们都太敏感了。"[3] 监管意味着对他人缺乏信任，我们判断其不能履行自己"地位"所属义务。

在这种背景下，在法国的工厂里，监管让人难以接受，上级的真实权力有限，当"下属终于依照惯例获得看似可接受的结果并可以合理管理他们的合作时，更没有什么大的危

---

[1] P. D'Iribarne. La logique de l'honneur：Gestion des entreprises et traditions nationales [M]. Paris：Le Seuil, 1989：23.

[2] P. D'Iribarne. La logique de l'honneur：Gestion des entreprises et traditions nationales [M]. Paris：Le Seuil, 1989：104.

[3] P. D'Iribarne. La logique de l'honneur：Gestion des entreprises et traditions nationales [M]. Paris：Le Seuil, 1989：46.

险可以威胁到集体所有"❶。事实上，对每个个体，克制的责任变得尤为重要，迪尔巴尔纳解释道，"就是禁止跟工作中的人找碴儿吵架，也就是让其履行自己地位的所属义务"。"我不需要经常过问下属的事务；他们是自己的主人"，一个工头这样说道，他经常"对其他人抱有信心"。❷

此外，依靠压倒性委任代表的方式，权力机关在法国公司内的实践将一个重要的作用真正赋予了每个行业所享有的自主形式。我们则将一个更广阔的天地给予了米歇尔·克罗泽（Michel Crozier）所提到的"心血来潮"："下属……将永远不会向某些人耻辱的个人愿望屈服；他们做什么是从个人意愿出发，尤其是在完成不属于自己完全直接义务的工作时。他们试图证明工作不是因为被迫，而是因为他们选择这么做。"❸

强调特权和贵族观念的工作关系概念显得和现代社会不能兼容。法国大革命宣告了特权的废除而且从来没有引出将其重建并保留其名称的问题，但这并没有阻止那些对自己的特权感到骄傲并将义务和"等级"联系在一起的新职业团体不断重建。"等级"逻辑，以贵族不同程度的对抗和拒绝地位下降为目的，按惯例为法国社会打下烙印。❹ 它在法国公

---

❶ P. D'Iribarne. La logique de l'honneur：Gestion des entreprises et traditions nationales [M]. Paris：Le Seuil, 1989：45.

❷ P. D'Iribarne. La logique de l'honneur：Gestion des entreprises et traditions nationales [M]. Paris：Le Seuil, 1989：45.

❸ M. Crozier. Le phénomène bureaucratique [M]. Paris：Seuil, 1971.

❹ D. Tocuqeville. L'Ancien régime et la révolution [M]. Paris：Gallimard, 1952：176.

第一部分　法国社会保障制度研究

司的运转中，作为荣誉的逻辑的元素，依然保持在中心位置。❶ 等级秩序引起的拒绝失权导致法国人站起来反抗和奴性情况有关的所有实践。因此，迪尔巴尔纳写道："为'他人效劳'很容易使人联想起等级关系（不是平等的关系）中一些人低声下气的姿态和'依赖'别人效力的人的神情。"❷

对权力的抵抗通常基于奴性从属地位的揭露："可被取代的、听人奴役剥削劳动力"的从属地位，比如"从事'肮脏工作'的'临时工'，人们随心所欲将其调动，而他则默默忍受"。❸ 法国人认为适合的做法是拒绝以一种奴性的方式与那些以各种身份（上级、客户）可以让你享受更多好处的人建立关系，除非你可以接受他们的要求。必须最大限度避免所有可能因恐惧或利益而让人屈服于他人要求的情况。权力关系和客户关系自此之后会趋向于登上舞台（在实践中组织以及通过系统阐释将这二者展现），以便可能在良好的措施中让有荣誉感的形象和奴性服从保持距离。

对于权力的抵抗同样基于统治者和被统治者地位之间的差距。克洛泽就巴黎工科院校工厂的总经理写道："他们太远离自己的员工，以致不能在交易日常管理中对工人有任何直接影响。工头的行为既不适宜其所负责的团体的规模也不适宜他自身形势的声誉。"❹ "适宜"这一字眼在涉及适合一

---

❶ P. D'Iribarne. La logique de l'honneur：Gestion des entreprises et traditions nationales［M］. Paris：Le Seuil, 1989.

❷ P. D'Iribarne. La logique de l'honneur：Gestion des entreprises et traditions nationales［M］. Paris：Le Seuil, 1989：108.

❸ P. Boudieu. La misère du monde［M］. Paris：Seuil, 1993：352.

❹ M. Crozier. Le phénomène bureaucratique［M］. Paris：Seuil, 1971：108.

个地位的贵族情况时有些陈旧。与工头相反，高级地位的个别人不会屈尊去监督被认为不光彩工作的执行度。这与他的地位不相称。

同样，推崇行业提供了一种将所做工作和从属地位连接起来的方式，事实上服从了老板的权威，一种独立、荣誉和高贵的看法。这既是承载了幻想的陈述，也是实践。当每个人，在一个组织工作时，认为自己被职业观念所指导，力求对得起与之相关的义务，这让他不会过多考虑他所在情形中包含的限制和利益因素。

荣誉的逻辑所强调的义务形式，以及在社会中所占据地位的相关要求，不包含任何他人意愿的参考，这些人可能会服务于你也可能伤害你。此外，由于成为受奴役状态的人被迫进行工作，那些被视为奴性的工作遭到了强烈的抵制。同样，以这样的方式联合起来从事此类工作的人，并延伸至所有在社会中与"低等"地位有关联的人。相应地，对于在社会中所占据位置的特点的依恋可能会在这个位置被授予贵族称号后增强。声誉越高，越是要与被证明的奴性地位保持距离，而不是忠于这一位置所携带的职责。

不履行其所属等级的义务就从低等级中出人头地，就是自甘堕落到后面的等级中，是"贬低"，是"羞辱"，是有失"地位"。每个团体被认为是光荣的或不光彩的评价标准，不是由道理来定义，也不是由法律。这是一种偏见。只有惯例可以将其修正。荣誉让任何人不用在其他人面前降低身份、被贬低或屈服。因此，迪尔巴尔纳写道，"什么是荣誉？

孟德斯鸠说，'每个人、每个状况下的偏见'"。❶ 这取决于"自己的心血来潮"，而不是别人的意愿。只要一种惯例就可以将其修正。这就是"予人多，予己少，多接近同胞，少显示自己"。这与所属"等级"的自豪感和失去身份的恐惧感密切相关。一旦被归类到一个等级，严格禁止"毫无作为或任其所做之事低于此等级"。这同样适用于与等级相关的特权，以及其所包含的职责——放弃特权或躲避责任都会损害其荣誉。

二、行会主义现象：社保制度安排的文化根基

行会主义源自"行会"一词。行会可以被看作"拥有几乎公共（或半公共）准则的经济团体，要求其成员服从集体纪律以便从事他们的职业"❷。这种结构，开始于 11 世纪，起源于高卢-罗马兄弟会以及日耳曼同业公会。这两种古老团体都带有虔诚慈善的宗教色彩，保护其成员免受自然灾害。在这些古老团体中，职业和经济特征还不太明显。11 世纪初，一些在卢瓦河-莱茵河区域的协会开始渐渐显露职业特征，此区域的经济生活较为活跃。在这期间，主要是由服务于伯爵、主教、君主的手工业者组成的行会，用于明确行业发展的集体规则尚未被提及。

直到 13 世纪才看到行业团体的形成，以及行会才作为职业团体发挥自己的强大的作用。在城市中，行业团体以自主

---

❶ P. D'Iribarne. La logique de l'honneur: Gestion des entreprises et traditions nationales [M]. Paris: Le Seuil, 1989: 59

❷ E. Cornaert. Les corporations en France avant 1789 [M]. Paris: Gallimard, 1941.

社群的方式组织，并拥有生产垄断。在发展初期，这些行业团体的生产基础单位事实上由工艺大师、生产工具所有人组成。他们同样拥有伙计和学徒。一个团体追求的目标有：通过取消外部竞争保证城市内的工作垄断以及防止成员之间的内部竞争。其由司法机关管理，"章程"（内部法律）由行业人士编写并由国家批准通过。

13世纪，行会体制已经渗透法国大部分地区。很多行业都开始组建并服从行业工会规章制度。皮货商、石匠、旧货商人、农业工人、工业工人、面点师、屠夫都是例子。手工业者被迫加入行业工会，并同这一时期涌现的流动商贩和非行会成员作斗争。

由于财政原因（特许经营权的购买），王权给予了行业社团政治支持，并将"王权和行会工匠战略联盟"[1] 框架中的宣誓团体增加了一倍。1581年亨利二世起草"王权和行会工匠战略联盟"，并在1597年由亨利四世接力，致力于扩展整个王国的行会体制。黎塞留和科尔伯特更是增强了这一政策。直到18世纪，"宣誓"团体依然取得了重要的发展。例如，在普瓦提埃，在16世纪有18个"宣誓"团体，17世纪有25个，18世纪有42个；在巴黎，宣誓团体的数量在1672年是60个，1691年是129个。[2]

行会制度从14世纪开始就一直处于危机中，越来越拘泥于细枝末节的规章制度以及成为工匠级别的条件越来越苛

---

[1] R. Castel. Les métamorphoses de la question sociale [M]. Paris: Fayard, 1995: 228.

[2] R. Castel. Les métamorphoses de la question sociale [M]. Paris: Fayard, 1995: 159.

刻。这些措施最终阻碍了内部晋升并减少了外部招聘。自此之后，成为工匠的机会之门被关上，并实际上很快被保留给了工匠的儿子。从16世纪就开始有了长时间的罢工，例如1539—1542年里昂和巴黎的印刷工罢工。这种内部危机加快了商业资本主义的发展。自16世纪起，行会主义体系开始失去其在手工业传统结构中的霸权。

因此，我们将旧体制行会的社团成员分为以下不同级别：学徒、见习生、出师留用学徒、工匠。此外，革命思想与行业协会将成员按行业等级化划分的制度相矛盾："这种行会主义认为人的不平等是一件普遍的事实，是由创造者（或自然）强加的，不平等从而造就了价值和力量的等级。但是，认识到灵魂神圣的平等性，它们有共同的起源和天命，它要求对工人及其家庭的精神和物质权利给予绝对尊重，尽力通过相互善举的不断实践来提升所有具有最高愿景的灵魂。"❶

"工作、商业和工业自由"于1791年3月2—17日的法令宣布。法定个人主义则于1791年6月14—17日的法律（勒夏佩利埃法）规定："拥有同一地位或职业的公民、企业家、经营商店者、工人或工艺伙计，当其已拥有集体名称时，不能在无主席、无秘书、无工会的情况下自行命名，保存记录，做出判决或商议，并根据所谓共同利益制定章程。"这是"所有具有相同地位或职业的行会种类的毁灭"（第1条），对于同职业公民职业利益的否定（第2条）。自此之

---

❶ E. Cornaert. Les corporations en France avant 1789 [M]. Paris: Gallimard, 1941: 76.

后,"劳动权"成为第一人权之一,"第一属性,最神圣,最不可侵犯"。行会终于从体制版图中删除,来到了个人优先权和经济自由主义统治时期。

同时,政治体制的变化也限制了行会制度。基于选举制度的政党政府必须确保选民总是忠实于它。打破行会组织并将行业暴露在竞争之下为加强国家经济支柱的角色作出了贡献。因此,之前一直由行业协会保护的部门就这样陷于野蛮的自由主义竞争中,而不得不依存于国家。这不可避免地导致民主角色的转变:不再是政府依赖选民,更多的是选民依赖政府。这就是为什么国家有兴趣夺取行会所占有的职权或权利。

行会结构,起源于 11 世纪,在 12—13 世纪到达黄金时期,和中世纪城镇手工工作组织条件相一致。虽然它显示了商业资本主义兴起放缓的迹象,但是它保持原状,甚至旧制度结束时在某些方面有所加强。[1] 大革命结束了行会结构,但是这个悠久传统,正如我们所看到的,依旧持续标记着法国社会组织理念。

20 世纪 70 年代初,政治科学开始研究行会主义,并立即使其成为备受争议的话题。首先开始于语义学争议,接着许多研究者在相对不同的含义中使用行会主义概念这个词语导致缺乏可被普遍接受的定义,接着行会主义的出现伴随着不同的形容词,例如"新""民主""自由""社会"等。行会主义的分解概念发展所以以其歧义和模糊为表现特征,这

---

[1] E. Cornaert. Les corporations en France avant 1789 [M]. Paris: Gallimard, 1941: 161.

也丰富了其概念表述但也削弱了其解释能力。❶ 事实上，概念的灵活性也引起其定义和理论前提的摇摆不定❷并因此导致全凭经验观察的困难。

主要的行会主义研究方法可以分为三种。第一种方法，由菲利普·施密特（Philippe Schmitter）提出，强调行会主义作为利益代表特殊形式方面，反对多元论方法。第二种方法，根据政治经济角度提出，设想行会主义是社会经济管理的国家结构，特点是国家、雇主和全国工会之间的三方大型谈判。第三种方法认为行会主义是公共政策管理过程。显然，有关于行会主义的研究工作不可能只有这三个角度。此种分类，当然不是面面俱到，不过可以刻画出这种权利模式制定的主要理论架构。❸

前两种共同遵循的研究方法是观察政治和宏观规模经济和结构进程，研究人员以理想类型形式建立了广阔的类型论，并在特定的历史情况下进行区分。在这一点上，阿兰·考森（Alain Cawson）的研究无论如何依旧是行会主义研究中最主要的，因为它们同时解释了理论概念化以及在现代政治体系中行会主义的经验论分析。在这一主题上，考森首先声明了行会主义现象多元的存在，我们可以依照三个不同等级进行区分：宏观、中观和微观。宏观层面涉及整个社会经

---

❶ M. Rhodes. Corporatism: the past, present, and future of a concept [J]. Annual Review of Political Science, 2002, 5 (1): 306.

❷ P. Williamson. Corporatism in Perspective: An Introductory Guide to Corporatist Theory [M]. London: SAGE Publications, 1989: 5.

❸ P. Schmitter. Still the Century of Corporatism? [J]. The Review of Politiques, 1974, 36 (1).

济以及国家、雇主和全国规模工会三方之间的调节，中观层面则涉及领域性行会主义，而微观行会主义则有关于公司和企业（引起政治科学较少关注）。❶ 这种研究方法允许将行会主义不作为涉及社会整体的结构去考虑，但是作为某个特定国家的某些社会经济部门的工作现象考虑。因此，行会主义显得不再如同铁板一块，而是以多个角度和变化展开。

然而，经济学家和社会学家将行会主义描述为法国模式的特殊性，社会学家特别将其归到社会保障种类。根据艾斯平·安德森（Esping-Anderson）提议的分类方法，法国模式为行会主义，因为它注重在不同行业团体中进行地位和等级区分。❷ 行会主义类型的社会福利津贴与个体的社会地位相连，社会保障体制的增加和对利益弱化的对抗是这种模式的特点。法国模式致力于捍卫职业特权并同时创造分段和分层的社会秩序。❸

即使行会主义逻辑在社会经济研究中有绝大多数人对其存在广泛争议，但是仍有一些学者为职业特权合法性辩护。塞格瑞斯汀（Segrestin）在其著作《行会主义现象》一书中声称："与其呼唤放弃保护既得利益和地位，不如（必须，为了了解）分析行会主义现象传统组成部分分离的危险。"❹

---

❶ A. Cawson. Corporatism and political theory [M]. Londn: SAGE publications, 1986: 211.

❷ G. Esping-Anderson. The Three Worlds of Welfare Capitalism [M]. Cambridge: Polity Press, 1990.

❸ Algan Y, Cahu P. La société de défiance: comment le modèle social français s'autodétruit? [M]. Paris: Cepremap, 2007: 43-47.

❹ Segrestin D. Le phénomène corporatiste. Essai sur l'avenir des systèmes professionnels fermés en France [M]. Paris: Fayard, 1985: 188.

在这篇有关于职业身份的组织和功能的理论文章中,作者主张用非常规眼光看待"封闭的职业体系",也就是说,"一个整体从旧制度时期的行会到如今的地位职业,经历过的行业协会以这种或那种方式被构成并构成了劳动市场"。❶

行会主义被认为是职业伦理水平和雇佣关系的职业调控。它允许创建对于一个社团的归属感和融入感。它虚构了一种基于团体身份的集体意识,并将社会表述的生产一般过程加入劳动世界和社会中,承认了社会认同和可解释多变文化生产的优先权。塞格瑞斯汀将行会主义现象恢复为历史总体(作了历史性分析和总结),再次回应封闭职业体系危机,而其他历史作家,尤其是社会学作家对此表示不赞同,多年来,他们全神贯注于"重新找回社会参与者的固有初始活力……(并重新)用机制替代上述固有职业调整,(并将)建立制度、参与者、身份和代表制生产和再生产机制平等"❷。

法国大革命在1791年废除了行会。原则上,它也结束了法国社会分裂成大量团体或"社团"的局面,这些"社团"让每个人拥有自己的集体利益。行业主体的分裂标志着如今的社会概念:"加入一个行业或一个行会表明成为一个特权和优先权分配社团的附属,其保证了工作中的社会地位。"❸

---

❶ Segrestin D. Le phénomène corporatiste. Essai sur l'avenir des systèmes professionnels fermés en France [M]. Paris: Fayard, 1985: 10.

❷ Segrestin D. Le phénomène corporatiste. Essai sur l'avenir des systèmes professionnels fermés en France [M]. Paris: Fayard, 1985: 16.

❸ R. Castel. Les métamorphoses de la question sociale [M]. Paris: Fayard, 1995: 117.

在现如今的法国是否还有相似的社会组织概念呢？就其定义的明确的运转方式，总的来说没有，其鲜明的特点在现今法国并没有减弱。但在将社会分裂成等级团体的原则里则会更明显，这种等级团体让每个人都拥有特权和荣誉感。

我们（调研人员）的对话者面对行会主义都表现出了很"宽容"的态度。❶换句话说，似乎行会主义在我们的对话者被建议使用新自由主义方法后，其眼中的行会主义并不是那么令人反感。这种关于行会主义的态度，我们定义为"中立"，具体表现为：

直率地承认社会成果的合法性："我父母认为看医生报销、买药报销是件正常的事情。还有就是法国人的实用主义，法国人期望国家能实行家长式统治，能负责任。在法国甚至有这样的感受，法国人在救助自己的心态。"一位教授这样表示。"这很正常"，他接着说道，"会越来越多，这是推动事物的力量。我们必须始终比我们的祖先，比前几代人过得好。我们有更多的时间做我们自己喜欢做的事情，度假、休闲，一切这样的事情。我们，我们现在工作着，我们之后的几代有权利工作得更少并且同时比我们生活得更好。如果我们总是像父母一样工作，我们的孩子像我们一样，这是不可能的……"

事实上我们的对话者关于罢工的第一个反应不是严厉地谴责而是"理智"："就我个人而言，我尊重这项权利。这是一项人人都可以行使的权利。当然，当有人罢工的时候，其

---

❶ 笔者于2018年5月对在沪的30位法国人做了深度访谈，主题为社保制度与劳动关系。

他人也会受到影响。特别是发生在公共服务领域时，比如铁路工人、巴黎大众运输员工、道路清洁工、教师等。但是，人们这么做，不是为了好玩！总有背后的原因，并且总有无法预见的东西。我们必须理解他们。所以找到一个解决方案是非常重要的。"我们采访的学生在其遇到地铁罢工时采取了和培训师一样的冷静态度："对于你们（外国人）来说，巴黎地铁罢工太可怕了。但是我已经习惯了。显然，这对巴黎人来说是个严峻的考验。但是，也不应该妖魔化这些东西。巴黎大众运输员工停止工作不是为了取乐。他们也不懒惰。当他们停止工作，一定有原因。"很多时候，罢工原因分析甚至是从情绪语句开始，接着这个学生给出了其对于社会运动的解释："相反，这是些值得被尊重的人，真正的工作者。我认识一位地铁售票员，他已经40多岁了。他的工作很辛苦，但挣得只比最低工资多一点儿，凌晨4点起床，生活完全被工作时间扰乱了，工作条件很辛苦……罢工又没有报酬。此外，服务也总是比预期保证的更好……"说完这些话，这位学生重新加入了人群，一路上也有记者在采访示威游行者，他们也有同样的评论："这很正常，他们是在为保卫自己的权利作斗争！谁将会为他们而战斗呢？"

我们的对话者面对行会主义宽松的态度与其对自己职业身份认知的强烈需求密切相关。"关于巴黎大众运输，受采访的售票员同样说道，对于我身边的情况，实在是有口难言。人们根本不把我们当回事儿。只有当我们停止工作，人们才会开始听我们的需求。人们认为我们享有特权，这是错误的。我们这一行太难了……"在工作中缺乏他人认可的感觉事实上是员工们的主要不满之一。为了坚持法国文化原则，一些研究员证实了员工如今的敏感性源于工作中被他人认可问题。根据2008年法国民调机构Ifop所做研究（晴雨表：工作心理健康福利），三分之二雇佣劳动者表示，缺乏认可是工作中精神痛苦的原因之一。另一份调查（Cegos观察所有关于企业内部社会关系和气氛的调查）显示，只有45%的雇佣劳动者表示在工作中受到认可。TNS索福瑞民调机构的调查得出了相同的结论：只有不到一半的雇佣劳动者认为自己的努力被认可。过去二十多年中，并没有按公允价值评价工作的印象在逐渐增强。根据TNS索福瑞1986年的另一项调查，超过四分之一（26%）的雇佣劳动者表示"我们有机会让自己的功劳得到认可并得到奖赏"，而在2004年这一数据已少于16%。在1986年，同样，有近四分之一（24%）的人认为"努力和功劳都没有得到认可和奖励"，在2004年则已超过三分之一（37%）。

由于缺乏与工作相关的认可，尤其是出现了有关工资不足的抱怨、某些行业的卑微感、对社会认可度低的职业受到的不公正待遇所表达的不满、对工作中个人努力的不重视。法国人的自定义更情愿是"成为某人"而不是"做了某事"。他们判决了职业社团归属的合法性是为了"通向自我"。事实上，"让行会主义拥有力量和活力的是其从行业出发构建社团的能力。在行会主义斗争中，保卫身份总是比保卫利益重要。这些网状系统的确产生了阻碍、冲突，但是它们同样也为许多社会团体更为广阔的社会融合提供了支持"[1]。

---

[1] B. Jobert, P. Muller. L'Etat en action. Politique publique et corporatisme [M]. Paris: PUF, 1987: 310.

法国的行会主义在行会消失的时候以其他的形式继续出现在劳动关系中,并且被所有人认同和接受,以满足他们对行业地位和行业荣耀的追求。如同西格尔所说:"行会主义给人一种自私、忽略公共利益的感觉,但其实法国人并没有那么害怕变革,他们只是在要求一个配得上他们荣耀的地位,使他们可以成为一个职业群体里的一员,满足他们对'伟大'和'荣誉'的追求。"❶

三、法国社保制度:职业荣誉感和行会主义文化精神的制度保障

1945年社保统一化的背景下,法国社保制度并没有实现均一化的社保模式,而是继续维持了碎片化的社保制度。法国社会保障制度的行业化特征吸纳和再现了"荣誉的逻辑"和行会主义文化精神两大文化内核,考量了不同职业群体的差异和特殊性,促进了职业身份的建立和巩固,缔造了积极的劳动关系价值观。

法国的社会保障制度分为一般制度、农业保险制度、特殊制度、非工资收入者制度。

其中特殊制度是法国社保制度行业化的缩影。特殊制度建于1946年,覆盖法国500万人口,包含160个制度。特殊制度最早由国家设立,鼓励风险高、流动性大、流失率高的行业,通过工伤、失业、退休、医疗保障方面的优惠政策吸引和稳定劳动者。特殊制度的受益者涉及国有企业员工和政府工作人员,包括军人、矿工、电力公司职员、煤气公司

---

❶ Ségal. J. P. Efficaces ensemble. Un défi français [M]. Paris: Seuil, 2009.

职员、巴黎公交总公司职员、海员、工商会职员、国家歌剧院演员、法国喜剧院演员、众议院与参议院议员等。法国《社会保障法》R711-1条款明确指出以下人员为"特殊待遇"享有人：

（1）在国家行政机关、司法机关、公共服务部门、国家公益机构、事业单位、国有工业企业、国家印刷厂工作的公务员、法官以及国家工人；

（2）在大区、省和市镇工作的地方政府工作人员及雇员；

（3）在省和市镇非工业和非商业公共服务和公益机构工作的人员；

（4）1938年6月17日修订法令中涉及的参照法国渔民待遇的劳动者；

（5）1946年11月27日颁布的第46-2769号政令规定的从事采矿业及相关产业的企业工人（从事石油采掘业的企业除外）；

（6）法国国家铁路公司雇员；

（7）与全民铁路运输业相关的国家和地方机构和企业雇员、有轨电车公司雇员；

（8）电能和燃气生产、运输和销售企业雇员；

（9）法兰西银行及其系统雇员；

（10）巴黎国家歌剧院和国家喜剧院演职人员及雇员。❶

---

❶ 田珊珊，段明明．法国行会主义对中国和谐社会的启示［C］//上海市社会科学界第七届学术年会文集：中国的立场现代化与社会主义．上海：上海人民出版社，2009：81-88.

特殊制度的退休金可以达到在职工资的75%，而一般制度只有50%。除此之外，特殊制度的退休金较少受经济危机的冲击，给付水平稳定，整体水平高于私有部门雇员。在养老金转移配偶政策上，特殊制度不受一般制度中年龄和收入的限制，可享受配偶工资50%的待遇。对于有3个及以上孩子的母亲，在工作15年之后可以提前退休。在医疗保险方面，特殊制度受益者可享受免费医疗。定期发放的医疗补贴也比一般制度优越。在工伤保险方面，特殊制度中的公务员制度可以直接将工伤保险挂靠在退休保险下，而一般制度只是在员工不能工作期间给予一定补贴。家庭补贴方面，特殊制度设有补充性补贴，如公务员和军人的补充家庭补贴。除此之外，一些行业可以享受特有的优惠政策，这虽然不属于社会保障的范围，但也成为特殊制度的一种特色。例如，法国电力公司的员工用电只付正常电价的十分之一，法兰西银行雇员的贷款只缴纳低价利率。

法国行业化的社保制度为每个人建立了一个特别制度，特别制度建立的依据是行业的危险系数和艰辛程度。职业荣誉感和行会主义精神阐释了行业规范和职业责任感。行业化的社保制度通过对不同行业和职业群体的关注和尊重，重塑职业荣誉感和行会精神，特殊制度定义了每种职业的属性和特质，强化了职业认同感和职业团结。差异化的制度铸就了差异化的职业身份，是职业群体赖以生存的屏障。正如卡斯特尔提出的："社会保障制度模型是法国职业社会的缩影，每个在等级社会中的职业群体唯恐失去自身的特权，竭力得

到别人的认可,并显示他与别的职业群体的不同。"❶

结　语

行会主义以特殊机制的方式进入政治政策之中,这些机制以自己的顺序决定着社会保障制度形式变化过程中思想的出现、发展和抵抗,这些制度形式另一方面也被其周围发生的转变重塑着,根据其自身的动态变化、经济秩序和家庭社会地位,行会主义进一步肯定了属于一个行业的深层次的自豪感,这个社会角色在行会基础中占据主导地位。职业社团建立了有序的结构,每个行业在其中都有自己的特殊地位,捍卫自己的特殊利益。

尽管不同的社团中都有利益攀比的存在,但这样的安排维持了其稳定性和统一性,并为每个行业在社会中谋得特殊地位。维护行业利益和传承职业精神仍是主要的职业文化。整个社会由各个分散的职业利益群体构成,履行行业职责和捍卫行业特权是这些群体最主要的行为特征,这使他们得以区别于其他行业,占据自己的特殊地位,并为自己的职业地位感到骄傲。

一个社会保障制度保证了面向所有市民的均等福利,却不能允许一些社会职业团体请求特殊对待,除非脱离这种制度。这种观点不被法国人所接纳,他们探索出了适合本国文化的混合型制度,即在统一化制度的基础上坚守行业互助的原则。在一定程度上这种模式促进了法国社会经济的发展,

---

❶　R. Castel. Les métamorphoses de la question sociale [M]. Paris: Fayard, 1995: 376.

增强了民族凝聚力。正如安布勒所说:"正是通过这种复杂的社会结构,这种社会保障制度能够提供多种社会政策选择,对新的需要和新的风险提供可供选择的解决方法,并尝试性地在工资的相关目标与通向社会民主的社会政策之间架起桥梁。"❶

将社会保障权利建立于职业从属之上,同样使职业身份制度化,社会保障制度已帮助再现和加强行业社会。每个人可以看到其受益的社会保障机制认可的身份和归属权。这种社会保障机制只会让工作综合职能加重。因此,行会主义传统和社会保障的行业化政策维持了迪尔巴尔纳所描述的完美互补关系:"传统如果不通过制度或程序得以体现,那么它就是软弱无力的。同样,制度或程序如果没有使其受到尊重的传统也就无所作为了。"❷ 换句话说,法国社会保障有利于构建传统文化以满足法国人感情上的需求,承载了法国社会悠久的行会主义传统,并成为"荣誉的逻辑"文化传统的重要制度支撑。

参考文献

[1] 田珊珊,段明明. 法国行会主义对中国和谐社会的启示[C]//上海市社会科学界第七届学术年会文集:中国的立场现代化与社会主义. 上海:上海人民出版社,2009.

---

❶ John S. Ambler. The French welfare state [M]. New York: New York University Press, 1991: 34.

❷ P. D'Iribarne. La logique de l'honneur: Gestion des entreprises et traditions nationales [M]. Paris: Le Seuil, 1989: 263.

[2] A. Cawson. Corporatism and political theory [M]. London: SAGE publications, 1986.

[3] Algan Y, Cahu, P. La société de défiance: comment le modèle social français s'autodétruit? [M]. Paris: Cepremap, 2007.

[4] D. Tocuqeville. L'Ancien régime et la révolution [M]. Paris: Gallimard, 1952.

[5] E. Cornaert. Les corporations en France avant 1789 [M]. Paris: Gallimard, 1941.

[6] EG. Sping-Anderson. The Three Worlds of Welfare Capitalism [M]. Cambridge: Polity Press, 1990.

[7] B. Jobert. La version française du corporatisme: definition et implications pour la modernisation de l'Etat dans une économie en crise, l'Etat et les corporatismes [M]. Paris: PUF, 1988.

[8] B. Jobert, P. Muller. L'Etat en action. Politique publique et corporatisme [M]. Paris: PUF, 1987.

[9] John S. Ambler. The French welfare state [M]. New York: New York University Press, 1991.

[10] M. Crozier. Le phénomène bureaucratique [M]. Paris: Seuil, 1971.

[11] M. Rhodes. Corporatism: the past, present, and future of a concept [J]. annual review of political science, 2002, 5 (1).

[12] P. D'Iribarne. La logique de l'honneur: Gestion des entreprises et traditions nationales [M]. Paris: Le Seuil,

1989.

[13] P. D'Iribarne. L'étrangeté française [M]. Paris: Le Seuil, 2006.

[14] P. Boudieu. La misère du monde [M]. Paris: Seuil, 1993.

[15] R. Castel. Les métamorphoses de la question sociale [M]. Paris: Fayard, 1995.

[16] P. Schmitter. Still the Century of Corporatism? [J]. The Review of Politiques, 1974, 36 (1).

[17] D. Segrestin. Le phénomène corporatiste. Essai sur l'avenir des systèmes professionnels fermés en France [M]. Paris: Fayard, 1985.

[18] J. P. Ségal. Efficaces ensemble. Un défi français [M]. Paris: Seuil, 2009.

[19] P. Williamson. Corporatism in Perspective: An Introductory Guide to Corporatist Theory [M]. London: SAGE Publications, 1989.

(原文发表于《江苏商论》2022年第11期，有修改)

法国社会保障制度碎片化的文化成因

摘　要：传统政治经济学视角下的研究倾向于认为，法国社会保障制度"碎片化"特征是利益和政治力量博弈的结果。这一认识给法国社会保障制度的研究制造了盲区，因为它忽视了制度安排的社会文化基础。本文以"基本担忧"和"集体想象"为切入点，把法国社会保障制度安排置于整个法国社会宏观的管理结构与社会及政治游戏规则的体系之中，并与微观层面的社会关系相结合进行分析后发现，法国社会保障制度的"碎片化"本质上反映的是法国社会结构以职业分层为特征的"碎片化"。这一制度安排根植于法国深厚的行会主义文化传统，同时支撑了以职业身份认同为核心的"荣誉的逻辑"的核心价值观。

关键词：法国社会保障制度；碎片化；文化；职业身份

一、引　言

法国社会保障制度是人类社会历史上形成最早、最完备的社会保障制度之一，对我国建立有中国特色的社会主义社会保障体系有重要的示范作用和参考价值，一直是国内相关学界研究的焦点。结构复杂、种类繁多、缺乏统一性是法国社会保障制度最重要的特征，被学术界称为"碎片化"。基于传统政治经济学研究视角的主流研究认为，"碎片化"是法国社会利益集团和政治力量博弈的结果。这一认识给法国社会保障制度的研究制造了盲区，因为它忽视了制度安排的社会文化基础。相较于其他社会管理制度，社会保障制度由于涉及面广（社会所有成员）、制度时效长（贯穿生命整个历程）、保护意义突出而承载了社会成员更多的诉求。只有在这些数量最多、种类最多的诉求达成一种（最低限度的）共识时，一个社会保障制度才能够建立并持续、稳定地运转起来。正如郑功成指出的那样："如果没有相通的文化认同，就不会形成国民对社会保障制度选择的真正共识，进而不可能产生长久稳定的社会保障模式，从而也就不可能有社会保障制度的可持续发展。"❶ 从这个角度来说，社会保障制度是最能体现这种诉求共识的社会管理制度。因此，认识一种社会保障制度，解读社会成员的诉求共识是关键，也是唯一的、最全面的依据。社会保障制度安排的这一特性，要求将其置于整个社会宏观的管理结构与社会及政治游戏规则的体系之中，并与微观层面上的社会关系相结合，实现对一种社会保障制度的历史必然性、文化合理性进行深入的分析，进而引导关注传统研究视角通常容易忽视的社会保障制度的社会文化功能。基于对法国社会生活现实的观察和对法国相关政治文化思想的梳理，本研究对法国社会保障实践进行跨学科的考察，对决定其制度形式的文化价值观系统进行深入探讨。本研究以较为简明的形式分析了法国社会保障制度"碎片化"特征的文化根基，认为这一特征本质上反映的

---

❶ 郑功成. 文化的多样性决定着社会保障制度的多样性［J］. 群言，2012（11）.

是法国社会结构以职业分层为特征的"碎片化"。这一制度安排根植于法国深厚的行会主义文化传统，同时支撑了以职业身份认同为核心的"荣誉的逻辑"。

二、探讨"碎片化"

对近年来国内法国社会保障研究成果进行系统分析后，我们不难发现绝大多数文献都整齐划一地把法国社会保障制度作为一个反面教材。这样一致的结论如果是出自系统的、深入的、多角度的、多样化的研究，是确确实实的殊途同归，自然无可厚非。遗憾的是，这些数量众多的研究不仅研究视角单一（政治经济学视域），研究方法单调（事件分析），甚至连一些基础问题也没有明确的认识。❶ 这不得不使人质疑这些研究结论的权威性。在对法国社会保障制度的研究远未达到应有的深度之前，就将其盖棺定论作为"教训"去吸取、作为"危机"去反思、作为"危害"去预防，究其原因，就在于其被公认的特征——"碎片化"。而"碎片化"早已被认定为社会保障制度建设最危险的方向。❷ 对于"碎片化"制度安排的优劣，由于超出了本文讨论议题的范围，

---

❶ 如在"法国模式到底属于何种类型的社会保障制度"的问题上，有的观点认为"受德国社会福利制度的影响，法国建立了以职业为基础的福利制度的雏形"，参见：李姿姿. 法国社会保障制度改革及其启示 [J]. 经济社会体制比较，2010（2）；另一些观点则恰恰相反，认为"法国现代社会保障制度的主要来源是私营的行业保险，而不像英国和德国那样是源于政府颁布法律法规来实现的"，参见：钱运春. 法国社会保障体制的行业特点、形成原因和改革困境 [J]. 世界经济研究，2004（10）.

❷ 郑秉文. 中国社保"碎片化制度"危害与"碎片化冲动"探源 [J]. 甘肃社会科学，2009（3）；孟荣芳. "碎片化"社会基本养老保障制度发展中的迷思 [J]. 社会科学研究，2014（2）.

故在此不做进一步展开。但一个基本的原则必须遵守，那就是具体问题具体分析。此"碎片化"非彼"碎片化"，在一个绝对化层面分析"碎片化"的优劣是没有任何实践指导意义的，只会将社会保障研究引入歧途。"碎片化"有两层含义。一是整体以无规律的方式分解为部分；二是部分之间没有任何联系而处于孤立存在的状态。法国社会保障制度安排是否完全符合这两个特征，仍是一个值得深入思考的问题。如果答案是否定的，那么对用"碎片化"来描述法国社会保障制度则应十分谨慎。❶ 对相关文献的分析表明，"碎片化"被引入社会保障制度研究正是源于对法国模式的考察：相对于以英国为代表的统一模式，法国模式被形象地描述成"碎片化"。可见，"碎片化"特指法国模式，是一种社会保障制度的类型，其标准就是法国模式。从这一点来看，能否直接用"碎片化"来描述其他看上去类似的社会保障制度，还是值得商榷的。"碎片化"在社会保障制度研究中是有特定含义的，这一点至关重要，必须明确，否则，会陷入认识论上的误区：既然"碎片化"只是一种中立的描述，有着客观的标准（不同于英国模式），那么所有被冠以"碎片化"的社会保障制度自然都会有共通之处，那些基于政治经济视角分析出来的主流结论也就顺理成章地应用于对法国模式的研

---

❶ 一些研究更倾向于用"混合型"来描述法国模式，如法国学者米尔就认为，"法国社会保障制度是由两种概念构成的一个混合体：一种是通过全国性互助的志愿行动来传递的接近公共权利原则的集中统一；另一种是坚守和超越行业性互助、植根于企业和工人之间的传统互助形式，并最终成为相对的自治——社会保险由相关阶层自我管理——这是一种接近于个人权利原则的概念"。参见：米尔. 法国社会保障的经验教训与出路 [J]. 国外社会科学, 2001 (2).

究。这样一来，法国模式作为社会保障制度安排一大原始类型的地位被严重削弱，其本质特征被掩盖而无人问津。于是，被看作"碎片化"阵营普通一员的法国模式，由于历史较长而暴露的问题较多，最终成为"碎片化"的最有说服力的反面教材。这个认识论上的误区严重阻碍了对法国模式认识的深入，只能导致僵化的结论。如果说"碎片化"特指的就是法国模式，法国模式就是"碎片化"的代名词，那么，究竟是什么定义了"碎片化"？是什么构成了法国模式的本质特征？又是什么把法国模式与其他一些也被贴上"碎片化"标签的模式区别开来（如果真的有区别）？这些问题构成了认识法国社会保障制度"碎片化"制度安排成因的关键，因为只有真正理解"碎片化"隐藏在表象之下的含义，或者说法国模式的独特之处，才有可能弄清楚其背后同样隐藏在表象之下的真正原因。关于法国社会保障制度"碎片化"的具体形式，有众多的研究进行了较为系统的总结❶，这里就不再展开。值得关注的是，这些总结尽管在资料翔实程度和内容繁简程度上有所差异，但几乎都注意到了一点，那就是法国模式与职业的密切关系。❷然而，这个重要的特征没有得到应有的重视，很少有研究探究"职业化"背后的

---

❶ 如：白澎，叶正欣，王硕. 法国社会保障制度 [M]. 上海：上海人民出版社，2012：43；钱运春. 法国社会保障体制的行业特点、形成原因和改革困境 [J]. 世界经济研究，2004（10）；丁建定，郭林. 战后法国混合型社会保障制度特征的形成及其影响——兼论法国社会保障改革缓进及罢工频发的原因 [J]. 法国研究，2011（4）.

❷ 李姿姿. 法国社会保障制度改革及其启示 [J]. 经济社会体制比较，2010（2）；钱运春. 法国社会保障体制的行业特点、形成原因和改革困境 [J]. 世界经济研究，2004（10）.

原因，更少有研究把它与"碎片化"联系起来。❶ 结果是，尽管一些研究认识到法国模式"碎片化"的极端程度，却依旧沿用政治经济视角普遍的"利益集团博弈""政治力量博弈""社会经济状况"等假设来解读这个"罕见"的现象。❷如果说社会保障的制度安排真的完全取决于这些因素，那么我们不禁要问，法国社会在这些方面呈现的是"罕见"的极端状态吗？为什么同样以职业为基础的德国社会保障制度没有发展成法国模式的"碎片化"程度？很显然，只把"职业化"作为一个凭空出现的自变量，而不去考察其背后的原因（实际上也是"碎片化"的成因），是无法摆脱这个研究困境的。克服这一困难的途径就是把法国社会保障制度放回其所依附的社会管理结构、社会政治体系以及社会关系之中，放回法国社会特有的运作方式和共同生活的方式之中，放回其社会传统中去解读。重视社会传统的角色是考察人类社会在社会保障方面实践多样性的内在要求，因为"文化因素（历史传统与意识形态等）则决定着社会保障模式的最终选

---

❶ 近年来，个别研究已注意到这一问题，如：田珊珊，段明明. 如何理性审视法国模式——法国社会保障制度文化机制透析 [J]. 学习与实践，2010 (12)；田珊珊. 法国社会保障制度的行业特点及研究综述 [J]. 法国研究，2012 (3)；田珊珊. 法国社会保障制度对劳动关系的影响研究 [J]. 法国研究，2015 (4)；崔晗. 法国社会保障制度"碎片化"特征探究 [J]. 劳动保障世界，2018 (30)；彭姝祎. 法国社会保障制度——碎片化及改革：以养老制度为例 [M]. 北京：中国社会科学出版社，2017.

❷ 如：彭姝祎. 法国社会保障制度碎片化的成因 [J]. 国外理论动态，2014 (9)；邓念国，向德彩. 法国社会保障政策变革的障碍因素：一个制度分析的视角 [J]. 天津行政学院学报，2012 (1).

择"❶。但重视社会传统并不是从故纸堆中寻找一套封闭的传统文化价值观,继而去进行贴标签式的研究❷,否则,又将陷入"文化起源论""文化背景论""文化传播论""文化决定论""福利文化论"等桎梏。❸ 只有把文化看作一个社会的成员赋予其行为特定的含义,并解读他人行为的特定含义的意义的系统,才能还原社会传统的角色。法国社会学者迪尔巴尔纳用这个阐释人类学的文化观,去考察一个社会的民族文化,使我们对于民族文化对社会管理方式的影响有了新的认识。他认为一个社会的共同生活方式可以通过两个概念来认识。一个是该社会成员的一个"基本担忧"(Basic Fear),它引导人们采用各种方式去保护自己的同时,将现实生活的具体场景与该社会的普遍担忧或能够缓解这种担忧的手段对应联系起来形成另一个概念——"集体想象"(Collective Imaginary)。正是在"集体想象"中,社会生活才被赋予具体的意义。一个社会的普遍担忧是相对稳定不变的,这正是其民族文化稳定性的体现;而"集体想象"是社会冲突的对象,会随着历史的演变而变化。从本质上说,社会保障制度是调节社会关系的重要手段,与之相关的各种社会行动,尽管多种多样,很多时候自相矛盾,却都反映和聚焦在

---

❶ 郑功成. 文化的多样性决定着社会保障制度的多样性 [J]. 群言, 2012 (11).

❷ 就法国社会保障制度而言, 一些学者把法国模式的形成, 以及改革所遭遇的阻力归咎于法国人"浪漫主义狂热""理想主义情怀""怀疑、不信任""价值虚无主义"等"民族性"。如:谢立中. 经济增长与社会发展:比较研究及其启示 [M]. 北京:社会科学文献出版社, 2008:36-51.

❸ 毕天云. 社会福利的文化透视:观点与简评 [J]. 社会学研究, 2004 (4).

该社会的"基本担忧"上。而对社会保障制度研究的一项重要内容，就是要通过对社会管理结构、社会及政治体系的历史性整体考察，结合具体的社会关系，揭示出该社会的基本担忧，进而用于对现有制度安排的解读。那么，法国社会的"基本担忧"是什么？它又是通过什么机制影响法国模式"碎片化"的特征呢？

三、"荣誉的逻辑"与行会主义文化传统

对于法国社会而言，这个"基本担忧"就是所属群体的"降级"使得个人的荣誉受到损害，应对的手段则是捍卫集体的社会地位（Statut），这被迪尔巴尔纳称为"荣誉的逻辑"。这里所指的荣誉不是道德层面上的，也没有客观的标准，而是一种与某个"等级"（群体）身份相对应的自豪感。

荣誉的逻辑的第一个方面是职业责任感。迪尔巴尔纳指出，对法国人而言，工作就是全部要履行的职责，而规定这些职责的是行业惯例。[1] 正是围绕特定的行业惯例，职业才被分门别类，从而形成独一无二的职业身份。从事一种职业，也就取得了相应的身份，与之相匹配的责任随之确立。无论是总统，还是普通的维修技术员或机械操作员，其固有的职责就是其身份规定的职责。每个人在社会中所占据的位置与其应该做的事情之间存在这样一种关系，即后者必须达到前者内在要求的高度。因此，在工作执行中，固有职责比书面规定的具体工作内容更有指导意义。法国社会这种重视

---

[1] P. D'Iribarne. Etrangeté française [M]. Paris: Seuil, 2006: 96.

职业荣誉，并以此作为行动原则的传统深深地植根于中世纪的等级社会。在这个法国大革命也未能完全摧毁的体系中，是一种荣誉的逻辑最终成为主旋律，而高贵和低贱的对立是这个逻辑的核心内容。在旧制度被推翻的法国社会，对应大大小小、难以计数的旧社会等级的是同样不可胜数的行业、职业身份。每种身份由行业、职业的惯例要求所履行的职责定义，这些职责不仅在内容上远远超越法律或契约规定的职责，而且在履行上无须任何外部权力的介入，完全依赖每个人的职业荣誉感。

职业荣誉不仅要求按照"惯例"以近乎苛刻的标准履行职责，同时也通过对等的权利得以体现。这便是职业荣誉的另一面："特权"。如同旧制度时期的社会等级一样，每种职业（行业）身份都对应着自己专属的权利。每个职业根据自身的特点提出自己认为有资格享有的权利，因此，每个职业所享有的权利或权利组合都是独一无二的，这被法国社会形象地称为"特权"。很显然，不同于旧制度时期特权等级所享有的特权，这里的"特权"是相对的。这些"特权"在以法律、法规、政令以及劳资协议等方式固化之后，构成了法国现行社会保障制度的内容。[1] 这些权利是各个职业群体通过长期的不懈奋斗，向整个社会争取而来的。因而，它们绝不仅仅是一些普通的权益和福利，而是承载和象征着整个社会对一个职业荣誉的认可和尊重。这些权利一丝一毫的减少都是对职业荣誉的损害，而对于个体而言，放弃这些权利就如同没有履行职责一样，是对职业荣誉的玷污。

---

[1] F. D'arcy. La Représentation [M]. Paris: Economica, 1985: 127-129.

第一部分　法国社会保障制度研究

　　源于等级对立，后演变为与身份、地位匹配的荣誉及对荣誉的捍卫，形成了一种本位主义的力量，将法国社会分化成具有各自特点、风俗习惯和游戏规则的职（行）业群体，即行会，为法国社会结构奠定了一个基本格局。无论是规定职业职责及履行标准的"惯例"，还是每个职业所享有的"特权"都与行会有关。而由此衍生出的"行会主义"，则是研究法国社会绕不开的概念。那么它与荣誉的逻辑到底有什么样的关联呢？

　　对于经济学家和社会学家而言，行会主义则被看作"法国模式"的代名词。这里的"法国模式"指的就是法国的社会保障制度。按照哥斯塔·埃斯平-安德森对人类社会现有的社会保障制度的分类，"法国模式"被标注为"行会主义"，因为它鼓励在不同行业团体中进行身份和等级区分。❶社会福利津贴与个人的社会身份挂钩，（行业专属）社会保障制度安排数量众多以及抗拒一切现有福利的削减，是行会主义类型的社会保障模式的特征。当然，在英美自由经济模式被推崇备至的背景下，主张劳动力市场完全由需求—供给法则调控的主流观点一边倒地把行会主义及其制度安排（法国社会保障制度）作为批判的对象，认为它是法国经济社会僵化的"元凶"。尽管如此，仍有少数声音对行会主义持肯定态度，认为行会主义并非一无是处。从经济角度来看，珂达（Cota）甚至认为行会主义是法国经济的根本结构之所在，行会主义在工人运动中发挥着索求的功能，捍卫了各行

---

❶ 哥斯塔·埃斯平-安德森. 福利资本主义的三个世界 [M]. 台北：巨流图书公司，1999：47.

业的既得社会利益，而正是在永不停息的"讨价还价"中，法国社会的各种经济运行问题才得到了真正的解决。❶ 与此同时，一些学者也看到，行会主义绝不仅仅是自由主义者宣称的那样，是"维护小集团利益的狭隘利己主义"，它有丰富的文化内涵，是维系法国社会运作的重要保障。那么，这里的"文化内涵"指的是什么？它到底有多重要？

法国的行会组织历史悠久，可以追溯到 11 世纪，并在 12—13 世纪到达黄金时期。经过几个世纪的发展，到法国大革命前，行会已经成为法国社会主要的经济、社会力量，并深刻影响着法国社会的运行方式。虽然作为法国大革命的成果之一，行会组织被废除，❷ 但是行会主义的传统却远远没有退出历史舞台，继续以其强大的力量影响着法国社会。这种影响是通过对职业身份这个法国社会最重要的社会身份参照的创造和维护实现的。"法国模式致力于通过创造分化和分层的社会秩序来维护（职业）身份"，行会主义通过承认"特权"、争取"特权"和捍卫"特权"构建了职业（行业）身份，加强了劳动者的社会归属感，赋予了工作更多的尊严。正如卡斯特尔指出的那样："加入一个职业标志着成为一个享有特权的群体的一员，这些特权确保了所从事职业的职业身份。"❸ 这些特殊利益和与之相对应的责任和义务，构成了每个人的社会身份，两者缺一不可。瑟格斯坦就指

---

❶ A. Cota. Le Corporatisme [M]. Paris: Fayard, 2002: 64.

❷ 哥斯塔·埃斯平-安德森. 福利资本主义的三个世界 [M]. 台北: 巨流图书公司, 1999: 47.

❸ R. Castel. Les métamorphoses de la question sociale [M]. Paris: Fayard, 1995: 29.

出："与其呼吁简单地放弃捍卫既得利益和地位，还是先来分析分析行会主义现象传统组成部分分离的危险。"❶ 捍卫自己的特殊利益与履行自己的责任与义务一样，都是在捍卫所属群体的社会地位，从而维护自己作为群体一员的身份的荣誉。从这个角度而言，"行会主义的力量和活力在于其从职业出发构建社团的能力。在行会主义斗争中，捍卫身份和保卫利益同等重要。它们的确产生了阻碍、冲突，但是它们同样也为许多社会团体更为广阔的社会融合提供了支持"❷。

不可否认，个体的利益或是小群体利益会与法国社会整体利益产生冲突，一味捍卫群体特殊利益的行为难免会对社会运转的正常秩序产生负面影响。但是，我们应该看到，冲突的激化在绝大多数情况下毕竟是短暂的、局部的和节制的，而在法国的社会经济生活中，我们看到的更多是"温和的原则"❸ 和法国式的责任感和荣誉感——最终演化成"干好工作的自豪"，对"体现自我"的本职工作的热爱。而这种感情又促使他们"不辞辛苦、一丝不苟地工作"。

"荣誉的逻辑"和行会主义传统共同支撑起法国社会以职业身份为内核的生活方式。但这个作为"在任何变革中，

---

❶ D. Segrestin. Le phénomène corporatiste. Essai sur l'avenir des systèmes professionnels fermés en France [M]. Paris: Fayard, 1985: 92.

❷ B. Palier. Gouverner la sécurité sociale: les réformes du système franÇais de protection sociale depuis 1945 [M]. Paris: Presse Universitaire de France, 2002: 92.

❸ 菲利普·迪里巴尔纳.荣誉的逻辑：企业管理与民族传统 [M]. 马国华，葛智强，译. 北京：商务印书馆，2005: 9.

法国人都不能接受失去应得的体面的位置"[1] 的职业身份，在传统行会组织已不复存在的情况下，仅凭对职业荣誉的珍视以及由此引起的对特权修修补补的捍卫，已经无法应对各种社会变化的冲击。职业身份需要强有力的制度安排，以支撑其结构的稳定性。什么样的制度能完成这样的使命？

四、结论：制度安排的"碎片化"体现并维护职业身份的"碎片化"

荣誉的逻辑使我们看到，作为等级社会遗产的荣誉一直都是法国社会生活的核心内容，甚至成为"法国君主政体的运行原则"。[2] 而当法国演变为一个由职业（行业）作为主要参照而分化分层的社会时，荣誉就自然地与职业密不可分了。相应地，一些理念和实践也就应运而生，以使职业能够承载这一特殊的文化功能。"基于职业身份"逐渐成为劳动立法的原则：哪个职业在社会上占据什么样的地位，拥有什么样的权利是立法的核心内容。庞大的劳动法规体系对于不同职业诸如雇佣、解雇、工作时间、带薪休假、工资、养老金、培训等，都事无巨细地制定相关条款。其覆盖范围之广，涉及权益之多，已经在事实上取代民法，成为法国社会最重要的法律（系统）。正如迪尔巴尔纳强调的："在所有这些领域，雇员和雇主之间的关系只是非常有限地依靠当事人之间的协议约束（无论是个人协议还是集体协议）。它真正

---

[1] J. P. Ségal. Efficaces ensemble, Un défi français [M]. Paris: Seuil, 2009: 27.

[2] [法] 孟德斯鸠. 论法的精神 [M]. 张雁深, 译. 北京: 商务印书馆, 1961: 28-30.

的主导者是（法律依据不同职业身份规定的）雇员享有的固有权利。作为上位法，这些权利严厉禁止协议双方违背其规定，即使双方完全是你情我愿的。任何造成雇员或雇员集体降低对应得权利的诉求的契约条款都被视为无效。"❶ 对此，一直存在让严格意义上的契约关系来代替劳动法规，重新塑造劳资关系的强烈呼吁。但这样的呼吁很难落实到行动上。❷

专门针对福利权益的社会保障制度更加忠实地遵守"基于职业身份"的立法原则。事实上，与一般的劳动法规相比，法国社会保障制度的立法要被动得多，它可以被看作各个职业（行业）诉求的一个汇编。早在1945年，在国家层面对社会保障制度立法之前，反映不同职业诉求的"特殊制度"就已存在。数量众多的"特殊制度"并没有随着国家立法统一的努力而消失，反而是大行其道。单一的全民社会保障方案，单一的保险金管理机构，单一的缴费方式都因当时政府的放弃而成为不可能实现的目标。政府接受了一个由120个基础制度和1200个补充制度拼凑而成的繁杂体系，以及由此产生的权利和义务在不同职业身份之间的不均一。对于这样的结果，一些学者认为，社会保障的诞生更像是流产。❸

不仅现有的特殊制度得以保留，协商制度的机制也为新

---

❶ P. D'Iribarne. Etrangeté française [M]. Paris: Seuil, 2006: 196.
❷ N. Murard. La sécurité sociale, la question sociale et la politique [J]. L'homme et la société, 1996, 121 (3).
❸ Y. Algan, P. Cahuc. La société de défiance: comment le modèle social français s'autodétruit [M]. Centre pour la Recherche Economique et ses Applications, 2007: 61.

的特殊制度的产生提供了温床。法国社会保障制度分为三个层次，对应着三个层次的协商机制。首先是社会保障基础制度津贴，由员工和雇主联合会的国家代表协商确定；其次是强制性补充制度津贴（互助补充退休金储金机构负责医疗补充津贴，保险公司负责储蓄式寿险和养老保险），以行业或大型企业为主体协商确定；最后是追加补充或非强制性社会保障津贴，有时候也被称为企业社会保障，在中小企业内部协商解决。这种多层次、多主体的协商机制无疑会使情况更加复杂。从结构到管理方式，再到协商机制，法国社会保障制度的各个方面都呈现出"碎片化"的特征。而在这个"碎片化"的特征背后，却隐藏着统一的文化逻辑。如果在1945年之后，统一原则能够得以贯彻，全体法国人本可以逐步被纳入"一般体制"中。但是如今"一般体制"仅涉及未被"特殊制度"覆盖的工商业雇员。只有"职业身份未定的类别"被纳入"一般体制"中：大学生、自由作家、职业军人以及战争寡妇和孤儿。对于其余人群，与全体就业人口相关的社会保障是在"碎片化"的状态中普及的。这一状况实际上是由于"确定职业身份类别"拒绝纳入"一般体制"中，并要求拥有专属的社会保障体制导致的。换句话说，如果当时没有任何"职业身份未定的类别"，就不会发生1945年的改革，更不会设立"一般体制"。那么，"职业身份确定的类别"为什么拒绝纳入"一般体制"中呢？要知道"一般体制"是一个完全的创新，还不可能把它等同于绝对水平上的"福利下降、权益减少、待遇降低"。对于这个问题，显然不能再拘泥于简单的利益博弈说。

第一部分 法国社会保障制度研究

干部类别❶是最早选择社会保障的特殊化道路,要求建立一个属于他们自己的补充退休制度的群体。1947年3月14日,法国全国雇主理事会(CNPF)和当时的三个主要雇员工会联合会❷签署集体协议,创建了干部类别退休机构总联合会(AGIRC)。这一举措的目的就如在集体协议中宣称的那样,是为了"重申作为一个社会职业类别的特别身份……并使之与工人、雇员及其他类别区分开来"❸。对此,卡斯特尔就指出,"社会保障的组织方式,为雇员社会的结构指明了发展方向,也就是说,在一个层级化社会中,每个职业群体都倍加珍视其享有的特权,热衷于让这些特权得到认可并努力标明与其他群体的距离"❹。这个"距离"的本质就是身份,一种可以与他人区分开来的标志。从这个意义讲,不是不同职业身份类别创立了不同的制度,而是不同的制度造就了不同的职业身份类别:"这些'碎片化'的社会保障政策不仅仅是社会运动的结果,它们还构成了群体(指职业群体)赖以存在的源泉。以干部类别为例,它们赋予这个群体一个真正的结构和存在。为这些干部类别创立特殊制

---

❶ 干部是指通过国家特定选拔考试,在公共部门或国有大中型企业从事中高级管理、技术工作的精英人员。干部一词是法语"cadre"的直译,也有文献直接译为高级管理人员。

❷ 分别是:企业行政及技术人员总工会、法国总工会和法国天主教工人联合会。

❸ L. Boltanski. Les cadres: la formation d'un groupe social [M]. Paris: Minuit, 1982: 21.

❹ R. Castel. Les métamorphoses de la question sociale [M]. Paris: Fayard, 1995: 171.

度，使我们能够定义什么是干部。"❶

法国社会保障制度的"碎片化"本质上反映的是法国社会结构的"碎片化"。表面上看，这是由众多职业群体的福利攀比，以及各种政治力量的较量所导致的。但基于"基本担忧"和"集体想象"的文化研究分析发现，法国社会保障制度的"碎片化"的制度安排是缓解法国社会"基本担忧"的重要手段，也在职业身份认同这个"集体想象"中被赋予意义。法国社会是以职业分层和分化为基础，以职业身份认同为导向的"等级化"社会，其共同生活的方式遵循着"荣誉的逻辑"。以"碎片化"为典型特征的法国社会保障制度，承载了法国社会悠久的行会主义传统，在制度层面维系着职业身份系统的同时，也成为"荣誉的逻辑"不可或缺的制度支撑。如丁建定所说，"每个国家的社会保障制度都基于自己的历史文化与社会渊源，都是在各自的历史文化与社会传统的长期发展、演变过程中发展起来的，任何一个国家的社会保障都具有历史继承性"❷。

参考文献

[1] 白澎，叶正欣，王硕. 法国社会保障制度［M］. 上海：上海人民出版社，2012.

[2] 毕天云. 社会福利的文化透视：观点与简评［J］. 社会

---

❶ B. Palier. Gouverner la sécurité sociale：les réformes du système français de protection sociale depuis 1945［M］. Paris：Presse Universitaire de France，2002：92.

❷ 丁建定. 试论西欧社会保险制度的历史渊源及其现实启示［J］. 华中科技大学学报，2021（6）.

学研究，2004（4）．
[3] 邓念国，向德彩．法国社会保障政策变革的障碍因素：一个制度分析的视角［J］．天津行政学院学报，2012（1）．
[4] 迪里巴尔纳．荣誉的逻辑：企业管理与民族传统［M］．马国华，葛智强，译．北京：商务印书馆，2005．
[5] 丁建定．试论西欧社会保险制度的历史渊源及其现实启示［J］．华中科技大学学报，2021（6）．
[6] 丁建定，郭林．战后法国混合型社会保障制度特征的形成及其影响——兼论法国社会保障改革缓进及罢工频发的原因［J］．法国研究，2011（4）．
[6] 哥斯塔·埃斯平-安德森．福利资本主义的三个世界［M］．台北：巨流图书公司，1999．
[7] 孟德斯鸠．论法的精神［M］．张雁深，译．北京：商务印书馆，1961．
[8] 孟荣芳．"碎片化"社会基本养老保障制度发展中的迷思［J］．社会科学研究，2014（2）．
[9] 米尔．法国社会保障的经验教训与出路［J］．国外社会科学，2001（5）．
[10] 李姿姿．法国社会保障制度改革及其启示［J］．经济社会体制比较，2010（2）．
[11] 彭姝祎．法国社会保障制度碎片化的成因［J］．国外理论动态，2014（9）．
[12] 钱运春．法国社会保障体制的行业特点、形成原因和改革困境［J］．世界经济研究，2004（10）．
[13] 田珊珊．法国社会保障制度的行业特点及研究综述

[J]. 法国研究，2012（3）.

[14] 田珊珊. 法国社会保障制度对劳动关系的影响研究[J]. 法国研究，2015（4）.

[15] 田珊珊，段明明. 如何理性审视法国模式——法国社会保障制度文化机制透析[J]. 学习与实践，2010（12）.

[16] 谢立中. 经济增长与社会发展：比较研究及其启示[M]. 北京：社会科学文献出版社，2008.

[17] 郑秉文. 中国社保"碎片化制度"危害与"碎片化冲动"探源[J]. 甘肃社会科学，2009（3）.

[18] 郑功成. 文化的多样性决定着社会保障制度的多样性[J]. 群言，2012（11）.

[19] A. Cota. Le Corporatisme [M]. Paris：Fayard，2002.

[20] B. Palier. Gouverner la sécurité sociale：les réformes du système français de protection sociale depuis 1945 [M]. Paris：Presse Universitaire de France，2002.

[21] D. Segrestin. Le phénomène corporatiste. Essai sur l'avenir des systèmes professionnels fermés en France [M]. Paris：Fayard，1985.

[22] F. D'arcy. La Représentation [M]. Paris：Economica，1985.

[23] J. P. Ségal. Efficaces ensemble, un défi français [M]. Paris：Seuil，2009.

[24] R. Castel. Les métamorphoses de la question sociale [M]. Paris：Fayard，1995.

[25] L. Boltanski. Les cadres：la formation d'un groupe social

[M]. Paris: Minuit, 1982.

[26] N. Murard. La sécurité sociale, la question sociale et la politique [J]. L'homme et la société, 1996, 121 (3).

[27] P. D'Iribarne. Etrangeté française [M]. Paris: Seuil, 2006.

[28] P. D'Iribarne. Conceptualising National Cultures: An Anthropological Perspective [J]. European Journal International Management, 2009, 3 (2).

[29] Y. Algan, P. Cahuc. La société de défiance: comment le modèle social français s'autodétruit [M]. Centre pour la Recherche Economique et ses Applications, 2007.

(原文发表于《社会保障评论》2017年第4期,有修改)

法国社会保障制度对劳动关系的影响

摘　要：法国的社会保障制度具有行业分化的特征，根据每个行业的特殊性和艰辛程度设置了差异化的制度体系。个性化的社保体系并没有导致互相攀比的社会矛盾，而是缔造了一种以荣誉为使命的尽职尽责的劳动关系。权利和责任都是追求荣誉必不可少的要素。社会保障制度保证了法国人的权利和利益，同时也要求他们用高度的责任感来完成自己的工作。实证数据表明，法国人表现出的良性的劳动关系和制度因素是密不可分的。一种文化价值观的形成需要制度的支持和物化，制度可以塑造文化，文化反过来也可以影响制度。法国的社会保障制度为法国人的职业精神提供了一种制度支撑，有利于促进法国人对工作的责任心和使命感。

关键词：社保制度；劳动关系；法国；文化视角

法国的社会保障制度在学界通常被认为是导致财政危机和社会危机的元凶。高额的赤字和碎片化的福利体系使得外界对改革的呼声不断。然而，工会力量的强大和社会模式的路径依赖使得改革从未成功地推进。对社保制度研究视角的单一化使得我们对法国社会保障制度陷入了认识论的误区，认为社会保障制度的设置一定要从经济利益出发。事实上，一种社会制度的安排要同时考虑到经济的、社会的、文化的意义，才能真正地发挥作用，为民众服务。其中，文化意义常常被学界忽略，社会保障研究的主流观点认为，社会保障遵循经济学"需求与供给"的基本规律，其趋向"均衡"的内生动力是普世性的，必须从文化视角出发重新认识法国社会保障制度对劳动关系带来的积极作用。我们需要认识到一种社会文化的产生和传承与制度因素的支撑是分不开的，正是法国社会保障制度的差别化体系构造使得法国人尽职尽责、自主自省的工作态度得以形成和传承。

一、法国人的劳动关系：自我实现和个人发展的重要性

对劳动关系的研究，通常被划分为内生动机和外生动机，功利价值和情感价值两个派别，这两种派别常常是探寻工作意义的不同的价值观的呈现。许多学者对工作的不同意义做了区分研究，多米尼克·梅达（Dominique Méda）指出工作是一种生产工具、人类的能量、收入再分配系统。❶ 赛格·鲍甘（Serge Paugam）总结了三种不同的工作意义：工具意义、生产意义、社会意义;❷ 尚塔尔·尼古拉-德朗古（Chantal Nicole-Drancourt）和洛朗斯·罗勒-贝尔热（Laurence Roulleau-Berger）则区分了工具意义、社会意义和象征意义。工具意义解释了人们对工作的物质期待，比如工资以及工作的安全性；社会意义关注工作中的人际关系；象征意义体现为个人发展，个人在活动中的自我实现、成功感

---

❶ D. Méda. Le travail, une valeur en voie de disparition [M]. Paris: Champs Flammarion, 1995.

❷ S. Paugam. Le salarié de la précarité [M]. Paris: PUF, 2000.

以及自主性和社会价值。❶ 除了浅显的物质利益，工作的其他价值越来越受到人们的关注。工作可以带来一种社会认可和个人尊严、时间结构、家庭以外的社会联系、对社会身份的定义。❷ 在这些价值观的区分上，实际上显示了物质主义和超物质主义两种工作关系：在前一种价值观中，工作更多地被看作一种赚钱的手段和盈利的工具，工作的满足感也更多地来源于物质回报的多少；在后一种价值观中，工作给予的精神方面的满足感更为重要，个人的发展以及成长经历是期望从工作中获得的，对物质利益的追求则被认为是次要的。法国人的劳动关系显示出一种内生动机和情感价值占主导的特征。法国人看重工作给予的能力发展和自我价值的实现。相比这些因素，工具价值、物质利益被放在相对次要的位置。根据 ISSP 在 1997 年和 2005 年的调查数据显示，65%的法国人认为应当在工作中寻求一种自我满足，表示内生动机的重要性，相比其他欧洲国家处于前列。EVS 1999 年的调查数据显示，超过一半的法国人完全同意工作对于发展能力是至关重要的，他们更多地将工作看作一种感情投入，这个比例在欧洲范围内是最高水平。42%的法国人认为他们在工作中得到了个人满足，同样的问题在欧洲范围内取得的平均值是 30%。25%的法国人认为不工作会使人变懒，然而在英国和瑞典则低于 10%。Chronopost IPOS 的调查对年轻人的工作态度做了总结，89%的年轻人在选择工作时将兴趣和工作

---

❶ C. Nicole-Drancourt, L. Roulleau-Berger. Les jeunes et le travail en France depuis 1950 [M]. Paris: PUF, 2001.

❷ M. Jahoda. L'homme a-t-il besoin de travail? [M] //Niess F. Leben wir zum Arbeiten? Die Arbeitszelt, im Umbrunch. Köln, 1984.

第一部分　法国社会保障制度研究

内容放在第一位，87%的年轻人则把继续学习和充实知识的机会作为择业的标准，这一数据证明兴趣和热爱等内生性动机是法国人选择工作的重要标准。除此之外，法国人对报酬等物质因素并未表现出一种高度的关注，只处于欧洲的平均水平。ISSP（1989、1997、2005）和 ESS（1989、1997、2005）的调查数据显示，工作的物质回报相比北欧和地中海国家占据着微弱的分量。只有30%的法国人认为工作仅仅是一种维持生活的手段，这个比例虽然比丹麦和瑞典略高，但远远低于其他国家。10%的法国人在不需要钱的情况下仍然继续工作。这些数据都显示出了法国人在工作中偏重内生动机和轻视外生动机的特点。法国人做好自己的工作是出于一种强烈的自尊心和责任心，而不是迫于来自上级指示的压力和规章制度的约束以及对金钱的追逐。每个职业群体固有的传统决定了他们应该这样做，而不应该那样做，做事是出于他们对工作的热爱和自觉，而不是出于无奈和规定。这种劳动关系和法国历史悠久的行会传统有着紧密的联系，行业自律和职业精神从中世纪行会组织建立之始到18世纪行会衰落之时始终是职业劳动者的信念，并一直在现代社会占据主流价值观的位置。如果就行会主义精神更深层次追根溯源的话，对荣誉的追求则是法国人秉承职业传统的根本原因。迪尔巴尔纳对此解释道："他们依靠的更多的是荣誉的逻辑，而不是遵纪守法的道德逻辑。"[1] 迪尔巴尔纳将高贵的工作和低贱的工作区分开来，高贵的工作是依照职业传统和行业准则要求自己，出于内在的责任感履行工作上的义务和职责。

---

[1] P. D'Iribarne. L'étrangeté française [M]. Paris: Seuil, 2006: 48.

低贱的工作则被看作违背职业道德和行业规则，逃避责任，敷衍对待工作的行为。法国人希望通过高度的责任感和自律来实现自己高贵的和荣誉的价值感。在某种程度上，工作不仅是一种谋生的手段，而且是一种具有道德价值的需要履行的使命。在法国，职业是一种神圣的、有荣耀感的内在的传统逻辑。责任和义务通过这种内在的传统逻辑被定义，而不像英美国家仅仅通过合同来规定。职业感越是神圣，越需要责任感来体现这种神圣。工作和职业对法国人来说更多的是一种精神层面的对职业传统和职业荣誉的向往和追求。因此，行业的道德和行为规范不需要通过上级或规章制度来约束，而是职业本身赋予的一种本能和自主，即不需要别人告诉我该做什么或怎样去做，而是通过我自身的职业传统和职业荣誉感去指引我的行为，尽善尽美完成本职工作。对于法国人来说，提供服务本身并不是为了单纯满足顾客的需求，而是在履行自己的职分。这种劳动关系更为超物质主义和自省，且不受外界功利主义因素的影响。如孟德斯鸠所说，"君主政体中所指的美德并不是别人强加给我们的，而是我们要求自己的"。❶ 由此可见，法国人和工作保持着一种出于内生动机的，有象征意义的、自主性的关系。完成本职工作的愿望与自我的精神诉求和满足感息息相关，与物质追求和工具意义相去甚远。这种内在的精神诉求甚至会导致在给客人服务时并不能目的性地满足顾客的直接需求从而获取最大的利益，而是从职业传统角度出发将服务提高到专业性的角度，有时甚至会和顾客的需求背道而驰或使利益受损。

---

❶ Montesquieu. De l'esprit des lois [M]. Paris: Garnier, 1973: 56.

二、法国社会保障制度的特点

法国社会保障制度具有明显的行业特点。根据不同的行业，法国的社会保障制度分为四大类：一般制度、农业保险制度、特殊制度、非农领薪制度。一般制度覆盖所有包括工业、商业、服务业等私营部门的工薪阶层；农业保险制度适用于所有农业经营者及农业工资收入劳动者；非农领薪制度则为所有自由工作者提供了保障；特殊制度不是一种严格意义上的制度，而是没有纳入前三种制度行业和群体享受的社会保障制度的总和，它几乎涉及法国所有职业和行业。特殊制度是法国社保制度行业化的缩影。最早的特殊制度建立于1673年，路易十四为了犒赏受伤和身体残疾的海员，建立了海员特殊制度。之后，19世纪初又分别建立了银行职员制度、巴黎歌剧院制度和国家印刷厂制度，一直到1945年社会保障制度正式建立，特殊制度还在不断地增加，涉及全法三分之一的行业群体。法国《社会保障法》R711-1条款明确指出以下人员为"特殊待遇"享有人：（1）在国家行政机关、司法机关、公共服务部门、国家公益机构、事业单位、国有工业企业、国家印刷厂工作的公务员、法官以及国家工人；（2）在大区、省和市镇工作的地方政府工作人员及雇员；（3）在省和市镇非工业和非商业公共服务和公益机构工作的人员；（4）1938年6月17日修订法令中涉及的参照法国渔民待遇的劳动者；（5）1946年11月27日颁布的第46-2769号政令规定的从事采矿业及相关产业的企业工人（从事石油采掘业的企业除外）；（6）法国国家铁路公司雇员；（7）与全民铁路运输业相关的国家和地方机构和企业雇员、有轨电车公司雇员；（8）电能和燃气生产、运输和销售企业雇员；（9）法兰西银行及其系统雇员；（10）巴黎国家歌剧院和国家喜剧院演职人员及雇员。❶ 非农领薪制度和农业保险制度是独立于一般制度和特殊制度的社会保障制度的第三和第四大制度。非农领薪制度涵盖商人、手工业者和自由职业者（涉及医生、护士、兽医、牙医、助产者、保险代理人、保险中介、司法助理人员、会计、药剂师、公证人等行业）。四大制度一共囊括了法国 200 多个职业。如果把四大制度看成"大碎片"，那么包含其中的小制度则是"小碎片"，"小碎片"里还有碎片，确切的数目甚至难以统计。不仅四大制度呈现出行业划分，具体到每个制度内部也体现出不同的行业分类，甚至每个行业内部也会根据工种的差别来区别福利政策，充分体现了社保制度的行业化特征。1945年，社保改革者受到英国贝弗里奇报告的影响，尝试建立一个均一化统一化的社保体系，然而最终的模式还是未能摆脱历史遗留的行业分化问题，并使行业特权化愈演愈烈。法国社会保障制度之所以特殊，是因为每个行业都可以根据自己的工作性质、行业的危险系数和艰辛程度享受在工作时间、带薪假期、免费医疗、职业病防御、退休年龄、退休待遇方面的特殊福利。行业之间在补贴方面没有绝对差异化的不平等待遇，而是一种相对均等和互补的微弱差异。例如，军人在特殊制度里可以享受在一般制度以外的每月定额的家庭补

---

❶ 田珊珊，段明明．法国行会主义对中国和谐社会的启示［C］//上海市社会科学界第七届学术年会文集：中国的立场现代化与社会主义．上海：上海人民出版社，2009：86．

贴，而法国国铁公司的职员可以完全免费享受公司专门提供的医疗服务，矿工在工作单位指定的医疗机构就诊完全免费，公务员在遇到工伤后，没有任何能力从事工作的情况下，直接享受养老保险的待遇。海员在遇到工伤后，由雇主承担第一个月的医疗费用和全额工资，从第二个月起，海员互助会提供每日津贴。在退休年龄上，每个行业甚至行业内不同的工种之间也存在差别：海员在满25年的工龄后，最早可在55岁退休，领取全额退休金；满15年工龄后，最早可在50岁退休，享受部分退休金；电气公司和煤气公司职工在涉及有损身体健康的岗位时，退休年龄为55岁；芭蕾舞演员最早可在40岁退休。除此之外，一些行业可以享受特有的优惠政策，这虽然不属于社会保障的范围，但也成为特殊制度的一种特色。例如，法国电力公司的员工用电只付正常电价的十分之一，法兰西银行雇员的贷款只缴纳低价利率。

三、法国的社会保障制度对劳动关系的影响

法国人为什么能保持一种积极、以内生性动机为特点的劳动关系？社会保障制度从中起到了怎样的作用？在阐述社会保障制度对劳动关系的影响之前，必须厘清制度和文化之间的关系。文化可以塑造制度，制度反过来也可以形塑文化，两者的关系是相互构成，相互加强的。制度能够反映出价值观和社会信仰，同样，制度一旦实施，又反过来影响社

会信仰和价值观念,两者相互作用。❶文化对制度的形成及它的有效性起了至关重要的作用,反过来,制度由于其强制性,对传统文化产生一定的影响,有利于加强文化中已有的一些因素。❷迪尔凯姆(Durkeim)论述了集体意识是制度形成的必要条件。以社会成员共同价值观、共同道德、规范为基础的社会纽带,迪尔凯姆称之为集体意识,它是"一般社会成员共有的信仰和情感的总和"。迪尔凯姆将制度看作价值观的反映,承载文化传统和价值观的制度会重新产生传统的价值观并使之得以稳定和持久。福柯论证了制度对思想和人体的决定性影响,他阐释了思想是怎样被制度化以及制度怎样超越人类思想并通过契约的形式改变人类思想。制度通过系统的方式引导人类的记忆和思考,使我们的感觉和想法更加贴近制度要求的思考模式。制度使人类情感处于一种更加标准的水平和状态。❸盖·罗氏(Guy Rocher)论述了制度可以使社会成员的思考更加理性化,他以大学的制度化对人思想的影响为例,指出大学的机构和制度设计引导了研究的方向和我们要发表的论文的级别,它同样决定我们的研究类型。❹由此,大学里的研究文化得以形成和发展。由此看出,制度的设计是文化价值观的反映,一种制度一旦形成,

---

❶ 于洪. 中国传统社会保障制度体系建构的内在逻辑探究——基于文化与价值观的视角 [J]. 社会保障评论, 2024 (1).

❷ T. Kuran. Why the Middle East is economically undevelopped: Historical mechanisms of institutional [J]. Stagnation, 2004, 18 (3): 71-90.

❸ M. Douglas. Comment pensent les institutions [M]. Paris: La Découverte-MAUSS, 1999: 69.

❹ G. Rocher. L'idéologie de l'excellence devient un élitisme radical [J]. Université, 1995, 4 (2): 12.

又会反过来作用于人的文化价值观。

一种制度的实施可以加强原有的文化或者削弱它从而形成一种新的文化。如果制度设计顺应了已有的文化背景，考虑到了根深蒂固的文化根基等因素，那么制度本身会对已有文化起到积极的传承和发扬的作用。如果新制度未考虑文化的因素，而是出于技术、经济、政治等因素的考虑，那么它是不适应现有文化的，但有利于创造一种新的文化形态。也就是说，要想使原有文化得以持久，发展或使新的文化得以塑造，制度的建构起着至关重要的作用。社会保障制度在现代社会充当着劳动关系的制度支持的角色，首先，露西·达瓦纳（Lucie Davoine）指出宗教、经济发展、传统文化、社会制度是造成各个国家劳动关系差异的原因。❶ 其次，社会保障制度是增进社会团结、加强社会凝聚力的有力工具。1940年，卡尔·波兰尼（Karl Polanyi）论证了社会保障制度对身份认同的作用。他认为，随着工业化和市场经济的深入发展，国家通过社保制度干预的手段使个人不再处于独自面对市场带来的困境和打击的境地。❷ 从这个角度说，社会保障制度无形中建立了一种个人融入社会、被社会接纳的身份认同。法国的社会保障制度以行业为特点，根据职业的不同性质划分了内容相异的制度模式。每个行业的缴费年限、福

---

❶ L. Davoine. Le rapport au travail et à l'emploi: quelques éléments d'analyse dans une perspective comparative et générationnelle [Z]. Note de travail pour le projet SPREW, 2007.

❷ K. Polanyi. La grande transformation: aux origins politiques et économiques de notre temps [M]. trad. Catherine Malamoud et Maurice Angeno. préface de Louis Dumont, bibliothèque des sciences humaines. Paris: Gallimard, 1983.

利水平和医疗、退休等福利项目细则都存在不同程度的差异。因此，法国并没有像西方大多数国家建立起均一、统一、全面化的以公民权为基础的社保体系，而是保留以职业权为基础的差序格局化的福利模式。这种福利模式的建立与法国传统的社会文化息息相关。法国的行会、互助会、工会历史悠久，从中世纪开始便形成了以职业互助、职业反抗为特色的行会主义文化。每个行业捍卫自身的特权和利益，不断缔造行业的繁荣和发展，并以行业传统赋予的责任感履行自己的义务。当行业利益受到威胁或轻视时，团结反抗变成了巩固行业地位的必然手段，同时也体现了行会和工会的反抗职能。当行业成员或其家庭生活困难，受到疾病威胁时，行业的互助储备金以非正式的社会保险的形式确保成员家庭具有抵御风险和灾害的能力。在这种情况下，行会和互助会起到了互助保险的作用。行会主义文化实际上是一种行业互助和反抗的职业文化，行业利益始终是个体关注的焦点，社会形成了一种条块分割的、利益集团分散的碎片化文化。社会保障制度正是适应并考虑到了传统行会主义的文化背景才建立起行业特点明显的碎片化制度。制度的建立反过来又延续并加固了行会主义文化，使其更加持久和有生命力。劳动关系也是行会主义文化分支下的另一种文化形态的体现。行会主义文化影响下的劳动关系是由行业传统缔造的内在的责任感和使命感，是一种行业自觉和自律，行业特权和行业责任共同构成了行业的社会地位和社会等级。敬业、自主的劳动关系是在根深蒂固的行会主义文化传统下形成的，然而，传统没有制度的支持，是不能延续和稳固的。正如迪尔巴尔纳所说，"传统如果不通过结构或程序得以体现，那么它就

第一部分　法国社会保障制度研究

是软弱无力的。同样，结构和程序如果没有能使其受到尊重的传统也就无所作为了"。❶ 制度支撑对文化的形塑和传承起到了至关重要的作用。由此可见，法国现代社会的职业荣誉感和职业精神并不是凭空产生的，而是靠传统文化的影响和现代制度的支撑而产生的。

　　法国社保制度研究专家布鲁诺·巴列认为法国社保制度的行业化特点有利于增进法国不同职业群体的社会融入，每个行业通过与别的行业的区别来找寻自我行业的认同感。❷ 罗伯特·卡斯特尔揭示出，"社会保障制度模型是法国职业社会的缩影，每个在等级社会中的职业群体唯恐失去自身的特权，竭力得到别人的认可，并显示他与别的职业群体的不同"。❸ 两位研究者都看到了法国社会保障制度的文化功能，将法国社会保障模式看作法国职业社会文化，即行会主义文化的载体。他们的观点对从文化视角分析社会保障制度产生的积极效应起到了引导作用。笔者获得的采访数据显示，制度和结构因素对文化的形成有促进作用。一位受访者表示，"制度安排对于提高劳动者的积极性有着至关重要的作用，他会提高服务的效率"。在法国，即便是一些不被社会广泛认可的职业都具有一定的社会地位和个人荣誉感，一种社会群体的归属感。法国各个行业实际上都有一种对地位的痴迷，法国人有一种很强的个人自豪感和优越感，和其他民族

---

❶ P. D'Iribarne. L'étrangeté française［M］. Paris：Seuil，2006.

❷ B. Palier. Gouverner la sécurité sociale：Les réformes du système français de protection socialedepuis 1945［M］. Paris：Presses Universitaires de France，2002.

❸ R. Castel. Les métamorphoses de la question sociale［M］. Paris：Fayard，1995：376.

比起来，这种自豪感和优越感有一定的物质利益和结构利益的支撑。制度给予职业一定的社会地位，正如一位受访者所说，"尽管饭店服务员也是一种受认可的职业，每年服务员都会上街罢工去捍卫自身的职业地位。法国人通过自身的职业和社会地位来建立一种自豪感和荣誉感"。由此可见，制度或机构提供一种物质利益，物质利益是建立和巩固职业地位的必要条件，是建立荣誉的不可缺少的因素之一。迪尔巴尔纳对此有详尽的阐释：拒绝利益或不履行义务，都是有损荣誉的体现。法国人将荣誉等同于社会地位，社会地位等同于特权和责任。❶ 社会保障制度通过对特殊利益的关切实现了法国人对特权的需要，使之与责任结合形成对社会地位和社会等级的文化诉求，从而最终实现对荣誉的追求。受访者表示："社会保障制度的种种好处和我们的尊严是密切相关的。它是我们做好自己工作的前提和保障。"社会保障制度提供的特权利益不只是一种物质利益，同时也是一种具有象征意义的社会认可，是对职业的客观定义和对劳动者的人文关怀。正如布鲁诺·巴列所说："社会保障制度不仅保障劳动者的物质水平，更重要的是建立了一个使劳动者有责任感的新的社会秩序。"❷ 一位受访者谈到职业荣誉感产生的原因时，直指社保制度："职业荣誉感的产生，我觉得是有一些制度或结构的因素吧……"其中提到的结构和制度就是与劳

---

❶ 菲利普·迪里巴尔纳. 荣誉的逻辑 [M]. 马国华，葛智强，译. 北京：商务印书馆，2005：76.

❷ B. Palier. Gouverner la sécurité sociale : Les réformes du système français de protection sociale depuis 1945 [M]. Paris: Presses Universitaires de France, 2002: 114.

动者密切相关的社会保障制度。因为法国人一直把捍卫社会保障制度看作捍卫职业荣誉和职业地位的手段。由此，社会保障制度也就和职业荣誉感密切相关。

四、结　语

法国模式为我们从文化视角分析制度的好坏提供了一个参考。评价一个制度的优劣不仅要从经济视角、社会视角、政治视角分析它的可行性，还需要立足历史文化角度思考它对现有文化的重构和延续，对社会和个体带来的积极的文化影响。同时，一个国家的职业文化的形成除了历史文化传统的影响，制度的支撑和保障也功不可没。一种好的文化、社会现象不仅得益于长期以来形成的历史文化传统，还依赖以这种文化传统为模板建立起来的社会制度。

参考文献

[1] 雷蒙·阿隆. 社会学主要思潮 [M]. 葛智强, 译. 北京：华夏出版社, 2000.

[2] 田珊珊, 段明明. 法国行会主义对中国和谐社会的启示 [C] //上海市社会科学界第七届学术年会文集：中国的立场现代化与社会主义. 上海：上海人民出版社, 2009.

[3] B. Palier. Gouverner la sécurité sociale: les réformes du système français de protection sociale depuis 1945 [M]. Paris: Presses Universitaires de France, 2002.

[4] C. Malamoud, Maurice Angeno. Préface de Louis Dumont,

Bibliothèque des sciences humaines [M]. Paris: Gallimard, 1983.

[5] D. Méda. Le travail, une valeur en voie de disparition [M]. Paris: Champs Flammarion, 1995.

[6] M. Douglas. Comment pensent les institutions [M]. Paris: La Découverte-MAUSS, 1999.

[7] M. Jahoda. L'homme a-t-il besoin de travail? [M] //Niess F. Leben wir zum Arbeiten? Die Arbeitszelt, im Umbrunch. Köln, 1984.

[8] J-J Dupeyroux. Droit de la sécurité sociale [M]. Paris: Dalloz, 1998.

[9] K. Polanyi. La grande transformation: aux origins politiques et économiques de notre temps [M]. trad. Catherine Malamoud et Maurice Angeno. Paris: Gallimard, 1983.

[10] L. Roulleau-Berger. Les jeunes et le travail en France depuis 1950 [M]. Paris: PUF, 2001.

[11] L. Davoine. Le rapport au travail et à l'emploi: quelques éléments d'analyse dans une perspective comparative et générationnelle [Z]. Note de travail pour le projet SPREW, 2007.

[12] Montesquieu. De l'esprit des lois [M]. Paris: Garnier, 1973.

[13] P. D'Iribarne. L'étrangeté française [M]. Paris: Seuil, 2006.

[14] R. Castel. Les métamorphoses de la question sociale [M]. Paris: Fayard, 1995.

[15] G. Rocher. L'idéologie de l'excellence devient un élitisme radical [J]. Université, 1995, 4 (2): 11-14.

[16] S. Paugam. Le salarié de la précarité [M]. Paris: PUF, 2000.

[17] T. Kuran. Why the Middle East is economically undevelopped: Historical mechanisms of institutional [J]. stagnation, 2004, 18 (3).

(原文发表于《法国研究》2015年第4期,有修改)

文化视角下社会保障研究的认识论与方法论问题

——以法国社会保障体制为例

摘　要：中国社会保障制度的改革与发展正处于一个新的发展阶段。在适应经济发展的同时，如何优化制度设计，使其更加适应本国的社会与文化是社会保障研究值得关注的课题。以法国社会保障体制为例，从文化视角探讨社会保障研究的认识论与方法论问题，要求把文化看作用来解释行为的意义系统，探讨塑造法国社会的核心价值观，关注社会保障体系中的人，并综合运用社会学和人类学的研究方法去记录、描述、考察和总结社会保障的实践活动。

关键词：社会保障；文化；法国；认识论；方法论

一、引　言

中国社会保障制度的改革与发展正处于一个新的发展阶段。在适应经济发展的同时，如何优化制度设计，使其更加适应本国的社会与文化是社会保障研究值得关注的课题。此时的顶层制度设计将在很大程度上决定中国社会保障事业未来的发展走向。社会保障是极其庞杂的社会系统工程，牵扯的问题多种多样。因此，十分有必要从尽可能多的角度来对相关问题进行研究。总体而言，国内学术界对于社会保障作为一门学科的认识仍然十分有限。比如，"社会保障是各种具有经济福利性的、社会化的国民生活保障系统的总称"的定义并没有明确指出社会保障的研究领域、方向、方法及学科属性；而"社会保障的研究应该从发展的、开放的角度出发，综合运用纵横结合的研究方法、定性分析与定量分析相结合的方法、多学科综合研究方法等多种研究方法"❶的论述只提出了一个大概的研究态度与方向，并没有具体描述在实际情况下如何进行研究，也没有说明为何运用和如何运用这些方法。对社会保障制度的研究传统上是在政治、经济视角下开展的，理论体系与研究方法都已经较为成熟。作为西方民主政治主要博弈领域和社会再分配重要工具的现代国家的社会保障制度被认为既是保证社会有效需求的重要手段，也是缓和各阶层矛盾、保持或促进社会和谐发展的有力武器。然而，从根本上讲，社会保障处理的是个人、社会团体及政治团体的关系（利益分配与相互支持的关系）问题。在这一实践中，如何决定游戏规则和具体的国家秩序并不完全取决于某个政治竞选纲领和经济方面的压力（这些甚至不是最重要的因素），而必须从现存的制度、习俗及法律秩序中去总结。这促使我们回到文化的重要性上：新秩序隐含的基础不仅包括政府行为合法性的理论，而且包括一系列特定的价值观，其中最重要的是平等和个人自由的观念。从文化视角对社会保障的研究引起了越来越多研究者的重视，但相对而言，以文化视角研究社会保障还是一个新领域，显得相对

---

❶ 郑功成.社会保障学：理念、制度、实践与思辨 [M].北京：商务印书馆，2004：12.

薄弱。很多学者强调定性和质化研究，然而鲜见基于质化数据的文献。而且由于对文化的认识与研究方法的局限，相当一部分研究往往止步于"贴标签"式的结论，对实践的指导作用十分有限。因此，非常有必要对这一领域的认识论和方法论问题进行探讨，尽快建立起科学、规范的研究体系。

二、社会保障：一个真正的文化问题

社会保障是现代国家的重要标志，是从传统社会走向现代社会的产物。依据社会学共同体（Gemeinschaft）/社会（Gesellschaft）"二元论"的评判标准，现代社会区别于传统社会最重要的特征之一就是：前者的运作方式完全服从于个体利益最大化和市场竞争的理性法则；而后者则受制于主要由传统的道德观念、价值体系和行为规范构成的历史继承的"结构"，即宽泛意义上的文化。[1] 因此，社会保障被认为是建立在经济、技术以及心理等客观因素之上的，是社会各阶层博弈妥协的结果，其出发点和最终落脚点都是经济利益，遵循着类似自然规律的普世法则，不会因社会的不同而不同。在这种认识下，社会保障主要受到国家实力竞争，内部政治斗争，社会经济发展水平、结构，财政收支状况等因素影响，与一个社会的民族文化关系不大。此外，受到西方主流经济学认识论的影响，社会保障研究事实上秉持"文化无涉"论的观点。这种观点认为，社会保障遵循经济学"需求与供给"的基本规律，其趋向"均衡"的内生动力是普世性

---

[1] 韦伯. 新教伦理与资本主义精神[M]. 于晓，陈维纲，译. 北京：生活·读书·新知三联书店，1987：438.

的。况且，随着全球化进程的加快，各国在社会保障方面相互借鉴、学习（特别是发展中国家引进发达国家的做法），最终会统一于一个普遍意义上的"最优模式"。围绕"社会保障这一社会实践究竟受不受民族文化的影响"的争论，本质上反映的是普遍主义和特殊主义的对立。普遍主义观点认为，任何社会实践与自然现象一样具有普世性和科学性，完全独立于文化或其他主观性背景，遵循进化式的选择过程，最终收敛于最佳（优）模式，实现统一。而特殊主义则认为，不同社会的社会实践因深受其民族文化的影响，呈现出差异性和多样性，且不会趋同。尽管社会保障从表面上看主要是政治问题、经济问题，但必须清醒地认识到，在现实中没有一个社会是纯粹地按照社会或者共同体的模式来运作，每个社会成员的行为都既受到既有文化的制约，又反映了其追逐个人利益的意愿作为一项公共政策的制度安排，社会保障在本质上要求从文化的角度对其进行考察。孟德斯鸠在论述立法原则时就强调立法者应当遵循"国家的一般精神"（我们现在把它称为文化），因为当我们自愿做事和按照自然传统做事时会做得最好。❶ 这与制度经济学重视无形制度的观点一致。制度经济学认为，制度安排分为正式约束（有形制度）和非正式约束（无形制度），意识形态（文化）是一种重要的无形制度安排，一种有形的制度安排，如果没有相应的无形制度与之"匹配"，就难以有效发挥作用。❷ 此外，

---

❶ Montesquieu. De l'Esprit des lois, I [M]. Paris: folio essais, 2005: 19.
❷ 诺斯. 制度、制度变迁与经济绩效 [M]. 杭行, 译. 上海: 格致出版社, 2008: 5.

制度安排具有"路径依赖"的特征,即人们过去作出的制度安排选择决定了他们现在可能的选择,而过去的选择体现的是一种文化的取向。❶因此,国家制度遵循文化逻辑,并通过对当地文化的适应发挥作用。反过来,在一种文化中发展起来的制度又能够使作为制度基础的文化延续下去。如果不考虑文化,我们就无法理解制度。仅从政治、经济的视角来考察社会保障无法解答"为什么政治制度类似、经济发展水平相当的国家(例如西欧和北美)会有不同的社会保障制度"等类问题,更会导致仅凭一些缺乏"齐性"的经济指标(例如,失业率在不同的国家有不同的计算口径)的对比简单地判定一种社会保障模式的优劣,从而得出草率的结论。我们以法国社会保障模式来说明这一问题。学术界对法国社会保障制度的研究,主要从经济社会政策、民主政治权利两大视角着眼:一方面,从经济效益的角度将社会保障看作调节国民收入、消费水平、刺激经济的重要手段。❷同时,由于社会保障支出受制于国民收入,因此,社会保障制度安排经济优化也显得尤为重要。另一方面,政治思潮对社会保障模式的构建有深入的影响,国家对公平和效率的倾斜程度以及对资本主义和社会主义意识形态的认定是社会保障制度建立的政治依据。❸法国的社会保障制度被描述为保守-组合主

---

❶ 道格拉斯·诺斯. 经济史中的结构与变迁 [M]. 陈郁,罗华平,译. 上海:上海三联书店,1994:147.
❷ "构建社会主义和谐社会问题研究"课题组. 构建社会主义和谐社会与社会保障体系建设 [J]. 经济研究参考,2005(21).
❸ 张桂林,彭润金. 七国社会保障制度比较研究 [M]. 北京:中国政法大学出版社,2005:6.

义的福利模式，或兼具贝弗里奇与俾斯麦福利模式特点的混合模式。在这样的研究视角下，法国社会保障制度很容易被从其所依附的社会管理结构、社会及政治体系及社会关系中剥离出来，成为孤立的研究对象。于是，法国社会保障制度被认为超越了法国经济发展水平，法国社会在争取社会保障权益时的坚定态度也被批判为不切实际的福利思想。❶ 很显然，一味突出法国社会保障体系对经济发展特定时期（欧洲经济整体低迷）的负面作用而对其全盘否定的看法是有失偏颇的。实践证明，法国社会保障体系是经过相当长的历史探索，在不断总结经验与教训中逐渐形成的，为法国经济社会的发展作出了不可替代的积极贡献，是成就法国世界强国地位的综合国家竞争力的重要支撑因素，其本身就是法国社会进步、发达的标志，成为许多国家社会保障体系的参照。对一种社会保障体系全面的认识和解读要求引入文化视角开展研究。

三、文化视角下的社会保障：如何认识文化？

随着越来越多的学者认识到文化在社会保障发展中的重要地位，相关的研究开始增多，并逐渐形成一个新的研究范式，即福利文化范式。福利文化这一概念源于英国的罗伯特·平克，他在发表的题为《日本和英国的社会福利的比较研究——社会福利的正式和非正式内容》的论文中提出了

---

❶ 郑秉文.法国"碎片化"福利制度路径依赖：历史文化与无奈选择——2007年11月法国大罢工札记［M］//谢立中.经济增长与社会发展：比较研究及其启示.北京：社会科学文献出版社，2008：14.

"福利文化"的概念。福利文化涉及价值观中人们对权利和义务的看法以及这种看法在行为习惯中具体的表现形式。[1] 它更多的关乎人们对养老、疾病、贫困、救济等概念持有的观念和态度。在此基础上，布鲁·尚波尔拉（Prue Chamberla）和安德鲁·科波（Andrew Cooper）等提出了社会政策研究的"文化转向"问题，并提出从文化角度研究社会政策的一个新范式，即福利文化范式。[2] 他们认为福利文化从"根子上"揭示了社会福利体制的差异。福利文化范式主要运用文化比较的方法解释了各种福利模式的差别及其产生的原因。例如，威廉姆·怀海特和罗纳德·费德里科以"跨文化比较的方法"揭示了地理环境、民族构成、政治特征、经济特征对美国、墨西哥、波兰、瑞典四国福利模式差异的影响。[3] 林卡将中国、日本和新加坡的福利体制作为一个整体和西方福利体制进行对比，分析两种福利文化的差异。[4] 布丽吉特·波-艾芬格（Birgit Peau-Effinger）提出了福利文化的重要性，认为每个国家对团结、公平以及市场的角色方面有着不同的定义。[5]

---

[1] 毕天云. 社会福利的文化透视：观点与简评 [J]. 社会学研究，2004(4).

[2] P. Chamberla, Andrew Cooper, Richard Freeman, et al. Welfare and Culture in Europe : Toward a New Paradigm in Social Policy [M]. London: Jessica Kingsley Publisher Ltd, 1999.

[3] 威廉姆·怀海特，罗纳德·费德里科. 当今世界的社会福利 [M]. 解俊杰，译. 北京：法律出版社，2003.

[4] Lin Ka. Confucian Welfare Cluster: A Cultural Interpretation of Social Welfare [M]. Tampere: University of Tampere, 1999.

[5] B. Peau-Effinger. Culture and Welfare State Policies: Reflections on a Complex Interrelation [J]. Journal of Social Policy, 2005 (34).

第一部分　法国社会保障制度研究

国内学者从 20 世纪末开始采用福利文化范式对社会保障改革与发展问题进行研究，取得了一些进展。这些成果大致可以分为三类：

（1）对福利文化范式的介绍、分析、归纳等社会保障文化一般理论研究。如张锋《社会保障文化刍议》（1994）❶、潘莉《社会保障的文化价值理念》（2006）❷、张郧《论社会保障文化的构建》（2007）❸ 等探讨了社会保障文化的概念、特征和模式等。在此基础上，一些学者系统地提出福利文化论，并就福利文化对社会福利内在机制的影响展开研究。比如，毕天云归纳总结了当前国内外学界从文化角度分析社会福利制度的5种理论："文化起源论""文化背景论""文化传播论""文化决定论"和"福利文化论"。❹

（2）对国外社会保障历史文化传统的考察。如傅广生《从英美社会保障制度特点看英美文化的差异》（2005）❺，陈勇、肖云南《反奥巴马改革的社会文化分析》（2010）❻，洪轶男《国外社会保障制度文化背景比较及对中国的启示》（2009）❼，张军《中西福利文化下社会福利制度模式比较分

---

❶ 张锋. 社会保障文化刍议 [J]. 企业经济, 1994 (5).
❷ 潘莉. 社会保障的文化价值理念 [J]. 学海, 2006 (3).
❸ 张郧. 论社会保障文化的构建 [J]. 江汉论坛, 2007 (7).
❹ 毕天云. 社会福利的文化透视：观点与简评 [J]. 社会学研究, 2004 (4).
❺ 傅广生. 从英美社会保障制度特点看英美文化的差异 [J]. 广西社会科学, 2005 (9).
❻ 陈勇, 肖云南. 反奥巴马改革的社会文化分析 [J]. 求索, 2010 (5).
❼ 洪轶男. 国外社会保障制度文化背景比较及对中国的启示 [J]. 辽宁工程技术大学学报, 2009 (2).

析》（2011）❶等，这些研究丰富了我们对其他国家，特别是社会保障发源地国家相关体制形成的历史背景、文化传统的了解，有助于深化对社会保障的文化多样性的认识。

（3）关于中国社会福利文化及其对中国社会保障改革与发展影响的研究。黄黎若莲的研究分析了中国福利文化的特点，认为对家庭责任过于看重的传统以及公民权利观念淡薄的意识使政府提供的福利资源有限，形成了以家庭为主要支撑，政府提供有限救助的福利模式。❷陈立行、柳中权提到中国不应该直接复制西方的福利模式，必须采用切合中国福利文化、适应中国国情的福利制度，为此提出了中国特色福利文化建设的方针政策。❸刘继同指出行业归属、职业地位、家庭背景、个人能力是影响中国社会中个人福利状况好坏的重要变量，这种组织性因素和个人因素相结合而产生的福利文化的特质被叫作"组织性个人主义"。❹中国家庭养老文化受到了许多学者的关注。如王红漫《中国家庭养老的传统文化基础》（1999）❺、姚远《中国家庭养老研究述评》

---

❶ 张军.中西福利文化下社会福利制度模式比较分析［J］.探索，2011（5）.

❷ 黄黎若莲.中国社会主义的社会福利［M］.北京：中国社会科学出版社，1995.

❸ 陈立行，柳中权.向社会福祉跨越：中国老年社会福祉研究的新视角［M］.北京：社会科学文献出版社，2007.

❹ 刘继同.社会福利：中国社会的建构与制度安排特征［J］.北京大学学报，2003（11）.

❺ 王红漫.中国家庭养老的传统文化基础［J］.中国老年学杂志，1999（6）.

（2001）❶、唐育萍《追溯中国古代养老章法》（2011）❷ 等。

这些成果无疑为系统地研究文化对社会保障发展方向的影响提供了基础。然而，由于坚持文化实体论（把民族文化作为价值观的系统、一套行为准则来看待，认为它可以直接产生行为），关于文化对社会保障制度影响的研究往往止步于"贴标签"式的结论。事实上，这些研究从事的是文化与社会保障的对接，而不是从社会保障体系中总结文化。因此，与其说是在探讨福利文化，不如说是在用已经形成的对某种文化的固有定论去评判某种社会保障体系的优劣。

从文化视角研究社会保障应该如何认识文化呢？社会保障学者对文化的认识源于英国人类学家爱德华·泰勒（Edward Tylor）给出的经典定义："文化，或文明，就其广泛的民族学意义来说，是包括全部的知识、信仰、艺术、道德、法律、风俗以及作为社会成员的人所掌握和接受的任何其他的能力和习惯的复合体。"❸ 霍夫斯泰德（Hofstede）形象地把文化定义为"将一个人群与其他人群区别开来的集体心理程序"。❹ 绝大多数社会保障学者在研究民族文化对社会保障实践的影响时，是把民族文化作为价值观的系统及一套行为准则来看待的，认为它可以直接产生行为。这样的认识使社会保障（福利）文化研究自身陷入认识论上的困境。一方面，一个社会统一的社会生活组织概念背后的行为方式是

---

❶ 姚远. 中国家庭养老研究述评 [J]. 人口与经济，2001（1）.

❷ 唐育萍. 追溯中国古代养老章法 [J]. 政府法制，2011（5）.

❸ 爱德华·泰勒. 原始文化 [M]. 上海：上海文艺出版社，1988：1.

❹ H. Hofstede Geert. Culture's Consequences International Differences in Work-related Values [M]. London: Sage, 1982: 132.

多样化的。另一方面，作为官方话语的文化和社会成员行为本身体现的文化并不总是一致的。比如，如果人人都能以"孝悌""尊老"为基础的"家庭保障"思想及"民为邦本""仁爱""天下大同"的价值观行事，则中国根本无须建立现代社会保障体系。由此可见，这些价值规范仅仅只能作为对"理想社会的期望"，而不是中国福利文化本身。关于如何认识社会保障研究中的文化问题，乌尔里希·贝克尔明确指出："准则和文化有某些共同之处，它们都是论述人们的行为。但社会规则和法律规范趋向于指导人们如何遵守规范，而文化则给出了一种解释：人们为什么在现实中会有这样或那样的行为。"[1] 可见，文化是用来解释行为的，而不是用来规范行为的。这是对"结构化理论"（structuration theory）的主张——在承认个体行为受制于历史继承的"结构"的同时，也承认个体利用其所处"结构"进行创造的能力——的具体阐释。[2]

真正全面揭示文化解释功能的是美国人类学家克利福德·格尔茨（Clifford Geertz）。他的"文化之网"理论认为文化是一个无形的意义之网，人类则是生存其中的动物。人类个体既无法脱离这个大网，又在不停地编织着这个网。这个解释人类学的观点很好地兼顾了民族文化对社会行为的"制约"作用和行动者个体的主观能动性。而这里的"制约"指的是文化对人类行为的解读，即人类对自身行为赋予

---

[1] 乌尔里希·贝克尔. 德国社会保障制度的文化背景：价值理念与法律在社会保障中的影响 [J]. 中国人民大学学报，2010（1）.

[2] 安东尼·吉登斯. 社会的构成 [M]. 李康，李猛，译. 北京：生活·读书·新知三联书店，1998.

特定的意义。

格尔茨的文化解释学理论来源于对原始部族的考察，在很长一段时期内也仅用于对人类社会起源问题的讨论。法国社会学家迪尔巴尔纳于20世纪70年代开始用解释人类学的文化观去考察现代社会的社会实践，丰富和拓展了文化解释学的理论价值，也使我们对于民族文化对社会实践的影响有了新的认识。[1] 他认为一个社会之所以区别于另一个社会，即文化的差异，从根本上源于"基本担忧"（basic fear）（在中文环境里，"社会关切"一词似乎更适合）的不同。早期的人类社会在生存、繁衍、延续、发展的过程中面临同样的来自自然界和自身的威胁与挑战。在随后的漫长历史进程中，不同的社会在对这些威胁和挑战的认识上逐渐产生了分化，即某些威胁和挑战愈加凸显，而另一些则相对淡化（如农业社会部落更加担心劳动果实被其他部落用暴力掠夺；而狩猎社会部落更多关注恶劣自然条件的威胁）。经过文化积淀，某些凸显的担忧最终形成了社会所有成员共有的"集体想象"（collective imaginary）。基本担忧引导人们采用各种方式去保护自己，并将现实生活的具体场景与能够缓解这种担忧的手段对应联系起来，从而确立自己行为的合法性。从这个意义上说，集体想象赋予社会实践具体的意义。

现在，我们以法国社会保障为例，说明"基本担忧"是如何帮助认识一种社会保障体系的文化逻辑的。作为一个典型的等级社会，法国并没有因法国大革命而削弱对社会等级

---

[1] 菲利普·迪里巴尔纳. 荣誉的逻辑 [M]. 马国华, 葛志强, 译. 北京: 商务印书馆, 2005.

的依赖。虽然"三级社会"的格局一去不复返了，但每个人都存在于一个特定的"等级"中，并因此产生一种赋予其存在意义的荣誉感。法国社会的"基本担忧"是外部权力滥用而导致个体"降级"从而损害荣誉。这里所指的荣誉不是道德层面上的，而是一种与某个"等级"（群体）身份相对应的自豪感。属于某个群体（拥有了某种身份）不仅意味着要履行这种群体身份所要求的责任，也意味着要享有由传统规定的该群体应该享有的特权，两者缺一不可。因此，捍卫特权不仅是保护既得利益，更是一种维护社会尊严的体现。

源于等级对立，后逐渐演变为与身份、地位匹配的荣誉感催生了对任何企图通过削减特权来损害群体荣誉的行为的坚决抵制。这种抵制形成了一种本位主义的力量，将法国社会分化成具有各自特点、风俗习惯和游戏规则的职（行）业群体，即行会，奠定了法国社会结构的一个基本格局。在这个结构中，每个行会在激烈的社会博弈中都力图保护自己的既得利益并为自己争取更多的"特权"，以维护整个群体的荣誉。虽然现代工（行）会在许多场合都以本行业劳动者权益捍卫者的角色出现，但它绝不仅仅是狭隘的利益集团。事实上，更多情况下现代工（行）会是职业精神和道德的倡导者与传播者，只不过这一使命是以一种潜移默化的方式行使的，远没有前一种显得激烈和引人注目。通过强化职业责任感和捍卫行业既得利益（特权）来维护群体荣誉是法国行会主义文化的核心价值观。

法国社会保障的制度安排具有明显的行会主义文化特征。在法国，几乎每一种行（职）业都有自己的社会保障制度，甚至同一行业内部也会因企业规模、企业性质、地区差异等形成不同类别的社会保障制度（如"建筑行业企业主"这个大类中又分为"大型企业主"和"中小企业主"两类）。雅纳·阿尔干（Yann Algan）等人的研究表明，行会主义将社会权利给予了不同的社会阶层及行业，从而建立了在行业范围内的高度团结，以争取自己的专属利益。因此，每个行业都要求在制定社会保障政策时考虑本行业的特殊情况，从而导致法国社会保障制度的高度"碎片化"。❶"特殊制度"的"特殊性"在于，每个行业都可以根据其工作性质、劳动强度、职业风险等的"特殊性"享有在各个方面（如缴费标准、缴费年限、分摊比例、工作时间、退休年龄、带薪假期等）的特殊待遇。这是职业群体荣誉的体现。❷事实上，法国最早的社会保障制度——海员互助制度——因发端于一个行业，而被冠以"特殊制度"（régimes spéciaux）的称谓。随着越来越多的行业建立起自己的社会保障体系，"特殊制度"经过1945—1946年和1948年的社会保障制度改革而最终获得了永久的法律地位，这完全违背了当初仅仅把它作为临时的、过渡性制度安排而称其为"特殊制度"的初衷。"特殊制度"不是一种统一的制度，而是法国社会保障制度中"碎片"的总称。它覆盖了绝大多数法国劳动者，之后建立的"一般制度"（régimes généraux）反而仅覆盖了极少数的劳动者。行会主义文化为法国"碎片化"的社会保障体制提供了土壤，而法国"碎片化"的社会保障体制反过来成为

---

❶ Y. Algan, P. Cahuc. La société de défiance, comment le modèle social français s'autodétruit［M］. Paris：Cepremap éditions, 2007：44.

❷ 田珊珊，段明明. 如何理性审视法国模式：法国社会保障制度的文化机制透析［J］. 学习与实践, 2010（12）.

行会主义文化的制度保障，二者相辅相成、彼此促进，最终形成法国社会结构的行业化、职业化特征。正如一些学者认为的那样，社会保障制度模型是法国职业社会的缩影，每个在等级社会中的职业群体唯恐失去自身的特权，竭力让别人认可，并显示他与别的职业群体的不同❶，而法国社会保障体制的行业化特点有利于增进法国不同职业群体的社会融入，每个行业通过与别的行业的区别来寻找自我行业的认同感。❷ 换言之，成为一个职业群体中的一员，"不仅通过拥有同类技能、从事同类劳动的方式实现，更为重要的是享有与其他成员同样的权利和义务"。❸ 可以预见的是，尽管法国社会在基于经济因素的考量下普遍认为对现行社会保障制度进行改革势在必行，但法国社会保障制度"碎片化"的基本结构不会受到触动。唯一可行的方向是优化现行的体系，更好地发挥职业荣誉精神的力量以调动劳动者的积极性和创造性，从而使法国经济更加具有竞争力和活力，并最终实现社会保障的收支平衡和可持续发展。

四、文化视角下的社会保障：如何开展研究？

现有的福利文化范式的局限在本质上都源于实体论的文化观，从符号学概念的角度把文化看作意义的系统有助于实

---

❶ R. Castel. Les métamorphoses de la question sociale [M]. Paris: Fayard, 1995.

❷ B. Palier. Gouverner la sécurité sociale: Les réformes du système français de protection sociale depuis 1945 [M]. Paris: Presses Universitaires de France, 2002.

❸ 段明明. 法国养老保险改革的困境："特殊制度"难以承载的两种"平等"[J]. 法国研究, 2023 (2).

现中国社会保障实践研究方法论上的突破。格尔茨在把文化比喻成"意义的大网"时,也明确地为文化研究指明了方法:"对文化分析的不是那些寻求规则的试验性科学,而是探索含义的解释性科学。"❶ 那么,究竟如何对民族文化进行解释呢?与文献与思辨研究不同,对社会保障文化的解释性探索运用人类学民族志式的个案研究方法,注重对社会保障实践原始经验的考察。这种考察是深入的,是关注细节的。它综合运用田野调查、案例研究、深度访谈等方法,描绘社会保障体系运作的内外部环境、日常社会保障实践的真实场景,刻画社会保障实践行为人真实的内心世界,考察其赋予和解读行为意义的过程。民族志式个案研究要求社会保障的研究者像人类学家那样,深入到所研究的社会中去熟悉和理解本土人对历史和现实内容的自我解释和他们的自我批评。这包括两个层面的工作。在第一个层面上,通过观察、倾听、调查、叙述、抄写等环节,深度记录和描述所有社会保障体系参与者对具体的管理思想、制度和工具的心理及社会反应,以及其处理各种争端的方式。第二个层面是解释,"它吸纳或引申自本土的抽象论释框架、本土自我定位、在特定世界历史范围内对自己文化的本土自我批评"❷,要求从总体上研究与社会保障密切相关的社会制度、政治制度和经济制度(而不仅仅是理想化的制度思想),分析其产生、演变和发展的历程,找出各自相对稳定的部分,最终揭示三种

---

❶ 克利福德·格尔茨. 文化的解释 [M]. 韩莉, 译. 南京: 译林出版社, 2014: 5.

❷ 杨美惠. 礼物、关系学与国家 [M]. 南京: 江苏人民出版社, 2009: 27.

制度背后统一和稳定的逻辑，即制度文化逻辑。将民族志数据的归纳和分析结果与制度文化逻辑进行对照分析，检验后者对前者的解释性和预见性，研究民族文化对社会保障实践影响的程度、途径、机制。民族志研究所采集的数据主要有两类。第一类是涉及社会保障实践活动的各种文件，包括法律、规章、报告、宣传册、内部资料等。第二类是访谈记录。通过与处于社会保障实践活动链条上每个环节的代表——政策制定者、研究者到社会保障管理机构的工作人员、作为保障对象的普通公民——进行深入的交谈，去了解社会保障实践活动的方方面面。访谈是进入实践行为人对具体的社会保障法律、法规、政策和相关的管理方式、工具社会反应的有效渠道，这些不仅是表述系统中的，更是践行系统中的社会反应——赞许或批评，认可或否定，接受或排斥。访谈不但能够帮助更好地解读通常为就事论事型的第一类数据，更重要的是能够使隐性的文化特征更容易地暴露出来。调研目标的选择要兼顾不同地区、不同群体在保障绝对水平和相对水平上的差异，以使样本更具有代表性。在选择个体访谈对象时，应尽可能挑选经历了计划经济时期、改革开放初期和现在现代社会保障体系基本建立三个阶段的个人，这样有助于对三个不同阶段进行直观的比较。

五、结　　语

法国经验告诉我们，法国社会保障制度的碎片化既难以被完全接受，也难以被完全取代。社会保障制度要在尊重社会文化的基础上寻求新的变革路径。在中国经济社会结构处于深度变革，有中国特色的社会保障体系正在全面建立的背景下，探究中国社会保障的文化逻辑，用以制定符合同时又促进这一文化逻辑的顶层制度安排是摆在中国社会保障研究者面前的重大课题，无论对于正在改革和完善的社会保障体系的有效运作，还是发挥社会保障体系的积极作用促进社会和谐、推动中国社会的全面进步都具有十分重大的意义。从文化角度来研究社会保障要求融合社会学、人类学和政治哲学的思想和方法，从历史的和现实的两方面论证在社会保障理论与实践中一些大的概念（基本担忧的表述）。把文化看作一个用来解释行为的意义系统能够帮助克服社会保障研究中对于文化的认识论的障碍，对开展相关研究具有重要的指导意义，对开展中国社会保障实践研究具有重要的借鉴意义。中国社会保障研究应更加重视描述性、解释性、归纳性和启发性研究，更加重视对社会保障实践行为意义系统的认识，以此来梳理出中国社会保障的文化逻辑，深化社会保障制度的改革。

参考文献

[1] 爱德华·泰勒. 原始文化 [M]. 连树声，译. 上海：上海文艺出版社，1992.

[2] 安东尼·吉登斯. 社会的构成 [M]. 李康，李猛，译. 北京：生活·读书·新知三联书店，1998.

[3] 毕天云. 社会福利的文化透视：观点与简评 [J]. 社会学研究，2004（4）.

[4] 陈立行，柳中权. 向社会福祉跨越：中国老年社会福祉研究的新视角 [M]. 北京：社会科学文献出版社，

2007.

［5］道格拉斯·诺斯．经济史中的结构与变迁［M］．陈郁，罗华平，译．上海：上海三联书店，1994.

［6］段明明．法国养老保险改革的困境："特殊制度"难以承载的两种"平等"［J］．法国研究，2023（2）.

［7］菲利普·迪里巴尔纳．荣誉的逻辑［M］．马国华，葛志强，译．北京：商务印书馆，2005.

［8］"构建社会主义和谐社会问题研究"课题组．构建社会主义和谐社会与社会保障体系建设［J］．经济研究参考，2005（21）.

［9］黄黎若莲．中国社会主义的社会福利［M］．北京：中国社会科学出版社，1995.

［10］孟德斯鸠．论法的精神［M］．张雁深，译．北京：商务印书馆，1961.

［11］诺斯．制度，制度变迁与经济绩效［M］．杭行，译．上海：格致出版社，2008.

［12］田珊珊，段明明．如何理性审视法国模式：法国社会保障制度的文化机制透析［J］．学习与实践，2010（12）.

［13］韦伯．新教伦理与资本主义精神［M］．于晓，陈维纲，译．北京：生活·读书·新知三联书店，1987.

［14］威廉姆·怀海特，罗纳德·费德里科．当今世界的社会福利［M］．解俊杰，译．北京：法律出版社，2003.

［15］乌尔里希·贝克尔．德国社会保障制度的文化背景：价值理念与法律在社会保障中的影响［J］．文姚丽，译．中国人民大学学报，2010（1）.

［16］杨美惠．礼物、关系学与国家［M］．南京：江苏人民出版社，2009．

［17］张桂林，彭润金．七国社会保障制度比较研究［M］．北京：中国政法大学出版社，2005．

［18］郑秉文．法国"碎片化"福利制度路径依赖：历史文化与无奈选择——2007年11月法国大罢工札记［M］//谢立中．经济增长与社会发展：比较研究及其启示．北京：社会科学文献出版社，2008．

［19］郑功成．社会保障学：理念、制度、实践与思辨［M］．北京：商务印书馆，2004．

［20］B. Palier. Gouverner la sécurité sociale：Les réformes du système français de protection sociale depuis 1945［M］. Paris：Presses Universitaires de France，2002.

［21］G. H. Hofstede. Culture's Consequences International Differences in Work－related Values［M］. London：Sage，1982.

［22］Lin，Ka. Confucian Welfare Cluster：A Cultural Interpretation of Social Welfare［M］. Tampere：University of Tampere，1999.

［23］B. Pfau－effinger. Culture and Welfare State Policies：Reflections on a Complex Interrelation［J］. Journal of Social Policy，2005（34）.

［24］P. Chamberlayne，A. Cooper，R. Freeman，et al. Welfare and Culture in Europe：Toward a New Paradigm in Social Policy［M］. Jessica Kingsley Publisher Ltd，1999.

［25］R. Castel. Les métamorphoses de la question sociale［M］.

Paris: Fayard, 1995.

[26] Y. Algan, P. Cahuc. La société de défiance, comment le modèle social français s'autodétruit [M]. Paris: CEPREMAP éditions, 2007.

(原文发表于《南昌大学学报》2013年第2期,有修改)

第二部分
法国教育与职业文化研究

区域国别学视角下的法国研究

摘　要：区域国别学近年来成为各高校、科研院所研究和人才培养的热点。法国研究以传统的法国文学、语言学和翻译为主要的研究阵地，研究成果丰硕。区域国别学的研究存在成果不足、质量不高的问题，缺乏对法国国家较为深入的研究。这不利于法国国别人才的培养和科学研究。本文从历史文化角度出发，主张探索法国国情、社会、制度文化的研究，旨在建立一个真正意义上的法国社会的图景，为学界和学生提供一个"真法国"的理论视角。

关键词：区域国别学；法国研究；真法国

一、区域国别学下的外国国家研究

区域国别学下的外国国家研究要求熟练掌握一门外语，并对对象国的政治、经济、社会、文化传统、心理状态展开研究，这要求我们具备区域国别研究的"六要素"：语言基础，跨学科的知识结构，规范的学术训练，深入的海外田野调查，跨文化交往能力，中国立场。[1]成为一个外国通，真正了解当地的生活习惯和思维方式是区域国别学开展研究的重点。我们不仅要借助政治学、社会学、经济学的知识体

---

[1] 陈杰. 中国特色国别区域研究人才培养"三问：规格、路径与目的"[J]. 教育发展研究, 2021 (21).

系，还要深挖文化学、民族学、人类学、心理学、新闻传播学的学科内涵。

区域国别学下的外国国家研究旨在培养学生的跨文化交际能力，使他们具备在对象国生活的一切技能，包括语言方面、文化素养方面的。文化素养具体说就是对政治体制的了解、经济制度的了解、交际规则的了解、心理诉求的了解。对任何一种元素的深入了解都有利于他们能够顺畅、自如地和当地人进行交流。

按地理空间和方向空间划分，外国国家研究分为美国研究、英国研究、法国研究、俄罗斯研究、日本研究等；按方向研究来看，可细分为社会学研究、经济学研究、法学研究、政治学研究、民族学研究、教育学研究、心理学研究、考古学研究等。❶

张蕴岭总结了区域国别研究学中的政治研究、经济研究、文化研究，认为厘清国家政治、区域政治和全球政治的复杂关系，既是理解现代世界和国际关系运转的关键，也是开展区域政治研究的前提。❷ 同时，良好的国家治理，体现在好的制度设计、好的政府管理、好的政策制定与有效的实施上。

赵可金将区域国别研究的内涵定义为涵盖但又不限于非洲研究，美国和英语国家研究（包括加拿大和美国及北美殖民地），亚洲研究（包括中亚、含中国的东北亚、南亚、东

---

❶ 钟智翔，王戎. 论外语学科的国别与区域研究方向及其人才培养［J］. 国别和区域研究，2020（4）.

❷ 张蕴岭. 国际区域学概论［M］. 济南：山东大学出版社，2022.

南亚），拉丁美洲和加勒比地区研究，澳大利亚和新西兰以及太平洋地区研究，欧洲研究（包括欧盟、俄罗斯和东欧及后苏联空间），中东研究（包括以色列和伊斯兰世界）以及这些地区和区域内种族与更广泛世界的互动，包括犹太人、穆斯林和其他移民族群。❶对这些区域的历史、语言、文化、文学、宗教、媒体、社会、经济、人文地理、政治和国际关系等各个方面以及区域间和全球化研究，均属于区域国别研究等范畴。从学科角度看，区域国别研究涉及历史学、政治学、社会学、文化、语言、地理、文学等相关学科。区域国别研究的三个本质特征是：（1）跨地域研究；（2）跨文化研究；（3）跨学科研究。

吕洪灵认为区域国别研究等基本属性为跨学科研究，指出外国文学研究和区域国别研究都需要在跨学科语境中走向新的范式实践，认为在当代文科背景下注重从历史文化、政治经济、社会制度等国别与区域研究的视角来审读文学文本，运用相关学科的交叉渗透来拓宽文学研究的思路。❷

区域国别学以生产应用性知识为导向，以满足国家重点重大战略和政策需求，以解决国家面临的重大问题为研究目标。将构建人类命运共同体作为中国外交的总体目标，引领全球治理是中国外交的历史使命，"一带一路"建设是中国为全球提供公共物品的重要实践。事实上，区域国别研究为这些战略提供智力支撑，为世界提供中国智慧。

---

❶ 赵可金. 国别区域研究的内涵、争论与趋势 [J]. 俄罗斯研究，2021（3）.

❷ 吕洪灵. 新文科背景下外国文学国别与区域研究的融合 [J]. 当代外语研究，2022（1）.

区域国别研究通过发挥语言的工具功能，深化对具体国家和区域的基础研究和态势研究。通过语言对具体国家和区域进行基础和全面的了解，对语言、文化、历史、政治制度、社会习俗等基本国情，以及价值观、传统观念、政治信仰等隐形层面的内容进行深度探寻。通过借助对语言的研究来研究具体区域和国家直接与语言关联的问题。重视语言对软实力、对外话语体系、国家形象、国家话语权的影响。在语言的工具功能的基础上，用语言来研究更广泛的议题，包括对区域国别研究展开深入的认识，聚焦相关问题的具体语言来研究相关政策。

通过与管理学的结合来深入研究，运用管理学的大数据方法挖掘语言特征对社会经济的影响、提供全球治理的理论和实践参考。其运用管理学的计量模型、大数据研究和指数研究等方法对目标国家或地区的经济状况进行量化分析，通过定性和定量研究方法的结合建立更深入的研究体系。

区域国别学的研究对象涉及不同层面。一是大国与发达国家研究；二是周边国家和地区研究；三是发展中国家和地区。发达国家在世界舞台上具有国际和地区影响力，是联合国和其他国际组织的重要成员，对中小国家具有较大影响力和号召力。周边国家和地区研究也是主要的研究对象。形成致力于解释周边国家和地区发展规律的理论认识，加强中国与周边地区的良性互动，为构建周边命运共同体提供学科支持。发展中国家和地区研究有利于加强中国与第三世界国家的团结合作，为中国与发展中国家的合作提供服务。比较地区治理研究是对不同国家和区域的比较区域研究和区域化研究。

李新烽指出区域国别研究要知己知彼，不管哪种文明都是人类智慧的结晶，要以文明交流超越文明隔阂，以文明互鉴超越文明冲突，以文明共存超越文明优越。❶ 彭青龙指出，世界文明互鉴论超越了西方学者提出的文明冲突论和历史终结论，中华文明的核心要义历来主张文明互学互鉴、取长补短、交流共赏，秉持一种开放的、兼容并蓄的思想观点和态度。区域国别的研究应当针对民族性格的深层探索，深入对象国的现实中，扎实掌握语言，搜集一手资料，注重田野调查。❷ 多学科交叉综合的实证研究和理论研究有利于形成研究成果的张力和远期影响。

二、国内学界的法国研究现状

国内学界的区域国别学研究近几年发展迅猛，成果丰硕，主要集中在法国文化政策的研究和法国政治制度、经济制度、外交政策方面。法国的文化政策以中国海洋大学的王吉英的学术成果为代表，系统研究了法国对外图书出版政策，认为法国对外图书出版政策有效促进了法国出版业的国际化发展和法国图书的海外推广，推动了法国思想和文化在世界范围内的传播。❸ 雷霏认为法国媒体外交的根本任务是对国家政治利益的保护，是对法国媒体外交的重心和经济利

---

❶ 转引自：陆航. 构建中国特色的区域国别学基础理论与学科体系［EB/OL］.（2023 - 03 - 24）［2024 - 06 - 14］. https：//www.cssn.cn/qygbx/202303/t20230324_5615746.shtml.

❷ 彭青龙. 外语学科区域国别学人才培养与科学研究面临的挑战、机遇和定位［J］. 外语教学理论与实践，2023（1）.

❸ 王吉英. 文化外交视角下的外国对外图书出版政策［J］. 出版科学，2018（6）.

益的保障。[1] 彭姝祎认为2017年的法国大选从根本上导致了法国政党格局的断裂和变动。她认为法国政坛目前处于重组期，并围绕移民、欧洲一体化等议题暂时形成了以马克龙领导的共和国前进党和以勒庞为首的国民联盟两极。[2] 张金岭介绍了法国家庭政策的制度构建理念与经验，对家庭政策的运作机制做了全面、详细的介绍。[3] 张金岭认为法国社会治理中所面临的诸多结构性困局是民生问题、移民问题与宗教问题并认为上述三种困局折射出当代法国在多个维度上面临着制度危机。[4] 吴国庆提出马克龙新多边主义外交以巩固和加强多极世界以及壮大欧盟为理念，在世界民族国家之林中突出法国的国家利益、国际地位和世界影响力，实现法国的"大国梦"和"强国梦"。[5] 吴国庆认为法国的金融和经济危机以及财政危机导致贫富差距有所扩大、社会不平等有所发展、国民收入和生活质量有所下降，从而使法国社会发展放缓，陷入了困境。[6] 张骥提出中法关系面临的权力结构、秩序结构和观念结构发生了重大甚至根本性变化，要以新的

---

[1] 雷霈. 文化合作：法国对外文化传播的突围之策 [J]. 法国研究, 2016 (2).
[2] 彭姝祎. 试析法国政党格局的解构与重组：政党重组理论视角下的审视 [J]. 当代世界与社会主义, 2020 (2).
[3] 张金岭. 法国家庭政策的制度建构：理念与经验 [J]. 国外社会科学, 2017 (4).
[4] 张金岭. 当代法国社会治理的结构性困局 [J]. 国外社会科学, 2018 (5).
[5] 吴国庆. 论马克龙的新多边主义外交 [J]. 欧洲研究, 2021 (6).
[6] 吴国庆. "巴黎的忧郁"：变革、平衡与新的困境——近三十年来法国经济社会转型历程综述 [J]. 人民论坛·学术前沿, 2014 (16).

框架来认识和谋划新形势下的中法关系。[1] 张骥分析"黄马甲"运动在一定程度上牵制法国积极进取的外交和在欧洲一体化中提供领导力。[2] 丁一凡提出法国第五共和国的制度改革曾经稳定了法国政局,但其制度设计的一些原则在法国政治与经济形势困难时却成为众矢之的。法国民众希望通过政治制度改革来改善形势,但实际上法国面临的困境是无法通过制度改革来解决的。[3]

现有的学术成果反映了法国社会的政治、经济、文化发展的现状和困境,系统地论述了法国社会所面临的危与机。然而,不可否认的是,从文化人类学角度深入阐释法国社会的核心价值观、思维模式、文化内核的成果少之又少。要深入地了解并认识法国社会,需要借助"基本担忧"和"集体想象"的文化研究方法探究法国社会的共同担忧,即共享价值观,提取出法国模式的文化内涵,以此认识到行为背后真正的文化意义,进行正确的文化归因。

国际组织人才培养需要跨文化研究方面的成果,即真正了解法国人的行为、偏好、文化价值观、思维模式、精神整体程序、意义系统。这要求对法国社会有人类学的考察。文化分为物质的、社会的、精神的三个层面,涵盖远古和现代的建筑物和人造物品,人们的行为和组织方式,以及对人们

---

[1] 张骥. 百年未有之大变局下中法关系的再定位:国际关系创新的伙伴[J]. 欧洲研究, 2019 (6).
[2] 张骥. 法国"黄马甲"运动及其对法国外交的影响[J]. 当代世界, 2019 (1).
[3] 丁一凡. 法国政治体制及政策对马克龙新任期的影响[J]. 法语国家与地区研究, 2022 (4).

的行为进行约束的规范或制度，价值、信念以及世界观。❶
与此相关的法国研究成果还比较匮乏，即在一定意义上诠释法国社会占据主导的符号体系，根据社会场合和事件分析这一体系。这一角度下的法国研究值得深入下去，为法国研究学界提供研究资料。

三、历史文化角度下的法国研究及其意义

从历史文化的角度开展对法国的研究有利于突破狭隘的政治、经济决定论，更加宏观、具体地了解法国社会的运作机制。法国的行会主义文化是法国根深蒂固的文化价值观，它将法国社会划分成了不同的职业等级和层级，是法国社会科层制和碎片化的文化动因。对行会的深度解析和研究有助于了解法国社会保障制度的碎片化和改革困境，有助于系统了解法国教育体系的双轨制和等级分化，有助于探索法国文化政策中与行会相关的职业荣誉感的文化内核，对历代统治者文化兴国的战略有一个历史文化的归因。

法国是一个具有文化特殊性的国家，从迪尔巴尔纳的《法国的怪异》一书可窥全貌。❷ 它是一个倡导民主和全民平等的国家，但同时也是倡导全民"特殊"的国家。在分析法国社会时，从历史学的角度出发，分析法国先进、革命性、自由平等理念是必要的。同时，通过制度分析解释法国社会的"反变革""守旧""僵化"也是必要的。

---

❶ 周大鸣，秦红增. 文化人类学概论 [M]. 广州：中山大学出版社，2009.
❷ P. D'Iribarne. Etrangeté française [M]. Paris：Seuil，2005.

制度是文化的反映，从制度角度分析文化是将文化放入整个社会结构和环境中，从实体论角度探究文化的物质内涵，对社会保障制度的研究有利于理解法国社会的职业文化、利益集团博弈、劳动关系等文化价值观。对教育体系的研究有利于研究法国社会的等级分化现象和平等的多重含义，对文化政策的研究有利于分析法国社会的荣誉观。

法国的碎片化的社会保障制度本质上反映的是法国社会结构的"碎片化"。表面上看，这是由众多职业群体的福利攀比，以及各种政治力量的较量所导致的，但基于"基本担忧"和"集体想象"的文化研究分析，法国社会保障制度的碎片化制度安排是缓解法国社会"基本担忧"的重要手段，也在职业身份认同这个"集体想象"中被赋予意义。法国社会是以职业分层和分化为基础，以职业身份认同为导向的"等级化"社会。从历史文化角度分析社会制度是法国国别研究的重要方式，有利于客观、全面地分析法国社会中的生活方式和公共行为。

法国的教育体制受制于两种截然不同的文化价值观：一方面，继承于旧制度下等级社会的"贵族情结"使人们把社会行为置于高贵/低贱的对立中去解读，并由此形成了对群体荣誉的捍卫；另一方面，作为大革命最重要的精神遗产，消灭特权、实现人人平等是法国社会不懈追求的最高价值准则，国家被认为是平等最根本的保障。正是这对针锋相对的理念赋予了法国教育难以完成的"独特"使命：通过一个等级分化的结构去实现社会平等。通过教育制度的分析，发现其折射出整个法国社会的文化价值观，就是高贵/低贱的对立与平等理念的并行与共存。

文化实体论将民族文化看作价值观的系统、一套行为准则，认为它可以直接产生行为，关于文化的分析往往止步于"贴标签"式的结论。事实上，这些研究不是从制度和社会实践中去总结文化，文化是用来解释行为的，而不是用来规范行为的。真正全面揭示文化解释功能的是美国人类学家克利福德·格尔茨。他的"文化之网"理论认为文化是一个无形的意义之网，人类则是生存其中的动物。人类个体既无法脱离这个大网，又在不停地编织着这个网。这个解释人类学的观点很好地兼顾了民族文化对社会行为的"制约"作用和行动者个体的主观能动性。而这里的"制约"指的是文化对人类行为的解读，即人类对自身行为赋予特定的意义。

格尔茨的文化解释学理论来源于对原始部落的考察，在很长一段时间内也仅用于对人类社会起源问题的讨论。法国社会学家迪里巴尔纳于20世纪70年代开始用解释人类学的文化观，去考察现代社会的社会实践，丰富和拓展了文化解释学的理论价值，也使我们对于民族文化对社会实践的影响有了新的认识。[1] 他认为一个社会之所以区别于另一个社会，即文化的差异，从根本上源于"基本担忧"的不同。早期的人类社会在生存、繁衍、延续、发展的过程中面临同样的来自自然界和自身的威胁与挑战。在随后的漫长历史进程中，不同的社会在对这样威胁和挑战的认识上逐渐产生分化，即某些威胁和挑战愈加凸显，而另一些则相对淡化（如农业社会部落更加担心劳动果实被其他部落用暴力掠夺；而狩猎社

---

[1] 菲利普·迪里巴尔纳. 荣誉的逻辑 [M]. 马国华，葛志强，译. 北京：商务印书馆，2005.

会部落更多关注恶劣自然条件的威胁)。经过文化积淀,某些凸显的担忧最终形成了社会所有成员共有的"集体想象"(collective imaginary)。基本担忧引导人们采用各种方式去保护自己,并将现实生活的具体场景与能够缓解这种担忧的手段对应联系起来,从而确立自己行为的合法性。从这个意义上说,集体想象赋予社会实践具体的意义。

法国社会的"基本担忧"是外部权力滥用而导致个体"降级"从而损害荣誉。这里所指的荣誉不是道德层面的,而是一种与某个"等级"(群体)身份相对应的自豪感。属于某个群体(即拥有某种身份)不仅意味着要履行这种群体身份所要求的责任,也意味着要享有由传统规定的该群体应该享有的特权,两者缺一不可。因此,捍卫特权不仅是保护既得利益,更是一种维护社会尊严的体现。大革命时期的三级社会并没有消失,反而以不同的方式和组织形式出现在现代社会中。每个人都生活在一个特定的"等级"中,并因此产生一种赋予其存在意义的荣誉感和价值感。

源于等级对立,后逐渐演变为与身份、地位匹配的荣誉感催生了对任何企图通过削减特权来损害群体荣誉的行为的坚决抵制。这种抵制形成了一种本位主义的力量,将法国社会分化成具有各自特点、风俗习惯和游戏规则的职业群体,即行会,奠定了法国社会结构的一个基本格局。在这个结构中,每个行会在激烈的社会博弈中都力图保护自己的既得利益并为自己争取更多的"特权",以维护整个群体的荣誉。虽然现代行会在许多场合都以本行业劳动者权益捍卫者的角色出现,但它绝不仅仅是狭隘的利益集团。事实上,更多情况下现代行会是职业精神和道德的倡导者与传播者。只不过这一使命是以一种潜移默化的方式行使的，远没有前一种显得激烈和引人注目。通过强化职业责任感和捍卫行业既得利益（特权）来维护群体荣誉是法国行会主义文化的核心价值观。

法国的文化政策遵循着荣誉的逻辑的文化价值观，政策本身不仅是出于对法国文化的保护，还是法国历史积淀的产物。它体现了法国的民族文化。法国社会对文化事业的态度保持了一贯的稳定性和连贯性。法国社会对文化事业的态度并没有因重大的社会变革而发生根本性的改变。无论是在路易十四统治时期的巅峰时刻还是处于纳粹铁蹄下的艰难岁月，无论是作为欧洲霸主的拿破仑大帝国，还是作为失去"殖民光环"的西方二流国家，法国始终将本国的文化事业放在一个较为突出的位置加以重视。这得益于以崇尚荣誉为特征的民族文化。只有将文化政策放在法国民族文化的背景中去考察，才能理解这些政策的真正意义，从而使绝大多数的法国人接近人类的尤其是法国的文化杰作，从希拉克以推广法国文化作为重塑世界大国的重要举措，到1993年的关贸总协定乌拉圭回合谈判，法国的文化政策都反映了该国民族文化的特征，更多体现精神层面和价值观层面的内涵。

从文化角度研究法国就要用民族志的方法对一个社会现象进行解读，用田野调查对法国的政治制度、经济体制、社会文化、价值观和行为方式进行研究，探索出法国社会"共同生活的方式"。这种方式可以解读法国社会和法国人的各种文化现象和制度运作，帮助观察者对行为进行正确的文化归因。格尔茨的文化观认为文化不是寻求规律的实验科学，而是探求意义的解释科学，认为应当将一种文化行为当作一种意义系统来研究。❶ 对法国社会的研究应当放入政治、经济、社会背景下去解读，描述属于法国文化的一整套意义系统，解读文化的社会性。

四、结　语

区域国别学视角下的法国研究应当从文化阐释学的角度解读法国社会真正的运行逻辑和精神整体程序，通过社会制度探究根植于法国社会的核心文化、价值观，使其在跨文化交际中扮演重要的角色。法国社会的文化探索具有一定的复杂性，特别是根深蒂固的文化偏见，要试图从偏见入手，解读法国社会真正的情感、心理诉求，得出真正的法国文化图式，为跨文化交际和传播提供理论参考。通过深描将任何一种人类行为和文化现象的本义还原，进而揭示文化内在的认知结构和文化规则。深描主要从最简单的动作或话语着手，追寻它所隐含的无限社会内容，揭示其多层内涵，展示文化符号意义结构的社会基础和含义。跨文化传播要讲好"法国故事"，破除对法国文化的偏见和错误认知，在法国社会结构中去评价法国社会和法国人。

参考文献

[1] 陈杰.中国特色国别区域研究人才培养"三问：规格、路径与目的"[J].教育发展研究，2021（21）.
[2] 丁一凡.法国政治体制及政策对马克龙新任期的影响

---

❶ 克利福德·格尔茨.文化的解释[M].韩莉，译.南京：译林出版社，2014：5.

[J]．法语国家与地区研究，2022（4）．

[3] 菲利普·迪里巴尔纳．荣誉的逻辑［M］．马国华，葛志强，译．北京：商务印书馆，2005．

[4] 雷霏．文化合作：法国对外文化传播的突围之策［J］．法国研究，2016（2）．

[5] 吕洪灵．新文科背景下外国文学国别与区域研究的融合［J］．当代外语研究，2022（1）．

[6] 彭青龙．外语学科区域国别学人才培养与科学研究面临的挑战、机遇和定位［J］．外语教学理论与实践，2023（1）．

[7] 彭姝祎．试析法国政党格局的解构与重组：政党重组理论视角下的审视［J］．当代世界与社会主义，2020（2）．

[8] 王吉英．文化外交视角下的外国对外图书出版政策［J］．出版科学，2018（6）．

[9] 吴国庆．"巴黎的忧郁"：变革、平衡与新的困境——近三十年来法国经济社会转型历程综述［J］．人民论坛·学术前沿，2014（16）．

[10] 吴国庆．论马克龙的新多边主义外交［J］．欧洲研究，2021（6）．

[11] 张骥．法国"黄马甲"运动及其对法国外交的影响［J］．当代世界，2019（1）．

[12] 张骥．百年未有之大变局下中法关系的再定位：国际关系创新的伙伴［J］．欧洲研究，2019（6）．

[13] 张金岭．当代法国社会治理的结构性困局［J］．国外社会科学，2018（5）．

［14］张金岭.法国家庭政策的制度建构：理念与经验［J］.国外社会科学，2017（4）.

［15］张蕴岭.国际区域学概论［M］.济南：山东大学出版社，2022.

［16］赵可金.国别区域研究的内涵、争论与趋势［J］.俄罗斯研究，2021（3）.

［17］钟智翔，王戎.论外语学科的国别与区域研究方向及其人才培养［J］.国别和区域研究，2020（4）.

［18］周大鸣，秦红增.文化人类学概论［M］.广州：中山大学出版社，2009.

［19］P. D'Iribarne. Etrangeté française［M］. Paris：Seuil，2005.

法国的行会精神及其启示

摘　要：法国的行会精神培植了崇高的职业精神和互助传统。由于中法两国经济社会方面的诸多相似点，正在建设工匠型国家的中国在许多领域都可以借鉴法国的经验做法。通过推进建立和完善法式的社会保障制度，从而在中国培育出崇高的职业精神和道德，是中国建设工匠型社会的关键所在。

关键词：法国；行会；职业精神

一、引　言

习近平总书记在参加十四届全国人大二次会议江苏代表团审议时指出，"大国工匠是我们中华民族大厦的基石、栋梁"，强调把第一线的大国工匠一批批培养出来，这是顶梁柱。[1] 弘扬工匠精神、建立职业认同感对实现中华民族的伟大复兴、建设制造强国有着重大意义。他山之石，可以攻玉。要实现这一目标，必须借鉴全人类的有益做法，特别是要向先进的西方国家学习，借鉴他们的经验。在众多西方国家中，法国社会堪称工匠型社会的典范，经济稳定发展，商

---

[1] 习近平两会时刻 | "大国工匠是我们中华民族大厦的基石、栋梁"［EB/OL］.（2024-03-08）［2024-08-08］. http：//lianghui.people.com.cn/2024/n1/2024/0308/c458561-40191852.html.

第二部分　法国教育与职业文化研究

业品牌享誉全球。许多学者认为法国在众多方面都为中国提供了参照物。❶法国的做法值得我们学习和借鉴，特别是在职业精神方面。

建设工匠型社会到底应该向法国社会学习什么，怎样学习？什么才是最为关键，最为紧迫的？国内的相关研究都将注意力集中在社会保障制度上，认为中国应建立起法式的"统一、全民、均衡"的社会保障体系。❷但这些研究仅从制度安排的角度来分析问题，没有看到正式制度对经济社会生活更高层次的影响——形成有利于社会发展的精神支撑，而这才是工匠型社会的根本所在。

本文将法国社会保障制度巩固行会主义，继而促进崇高职业精神和道德形成机制进行系统分析，从而提出建立社会保障体系的最终目标是培育国人崇高的职业精神和道德，为建设工匠型社会提供精神支撑。本文首先对法国行会主义进行分析，然后指出其对法国社会的重要作用，最后提出行会主义对中国构建工匠型社会的启示。

二、法国行会主义

行会精神可以说是法国社会的一个文化内核。在法国，传统意义上的行会主义指的是一种自发的社会组织现象，即在一个区域内（通常是一个集镇），一个特定职业的所有成员（雇主、工人、干部）自发地组织起来形成一个团体，其

---

❶ 周俊. 论法国的收入再分配对中国构建和谐社会的启示 [J]. 法国研究，2006（2）.

❷ 徐瑞仙. 法国社会保障制度及其对我国的借鉴意义 [J]. 西北成人教育学报，2004（2）.

宗旨是捍卫自己职业的生存和社会地位。很显然，组织的基础是共同的利益。团体给成员提供了一个交流的平台，借助这个平台大家商讨如何使本行业发扬光大、欣欣向荣，或在必要的时候保卫它。

行会在欧洲是一种古老的互助组织。行会成员之间实施互助、共济，帮助成员摆脱贫困、渡过难关。"凡有需要，都给予兄弟般的帮助"，"对路过本城的外地人要殷勤招待，这样就可获得你所要知道的消息"，"对病弱的人要给予安慰"。❶

但长期以来，行会主义的含义发生了变化，被赋予许多主观的内涵和外延，以至于一提到法国的行会主义，学术界通常将之与"各自为政""条块分割"，甚至是"无政府主义"联系起来，认为它是封建等级社会的产物，早已不适应现代社会的发展需要，而应该被抛入历史的垃圾箱，甚至把法国社会的不信任归咎于行会主义。❷ 这是为什么呢？

随着资本主义生产的发展，工业化大机器生产取代了家庭式的手工作坊，劳资矛盾不断深化，社会结构也随之发生深刻的变化，许多行业在激烈的社会变革和利益博弈中衰落，甚至消亡，象征特权主义的行会组织也成为革命的对象（作为法国大革命的一项重要成果，行会在1791年被废除）。在这种背景下，许多还没有完全消亡的行会在轰轰烈烈的工人运动中形成了更为严密的组织，以非常激进的方式进行社

---

❶ 克鲁泡特金. 互助论 [M]. 朱冼，译. 北京：商务印书馆，1963：158.

❷ Algan Y, Cahuc P. La société de défiance, comment le modèle social français s'autodétruit [M]. Paris：Rue d'Ulm, 2007.

会斗争，反对一切有损于自身利益的行为。于是，工会取代行会，站在了维护劳动者利益的第一线。因此，行会主义与工会主义的关系非常密切，工会主义也被看作现代版的行会主义，也有人称此为"新行会主义"。

"二战"以后，随着劳资关系的缓和，工会逐渐演变成一股政治力量参与到法国的社会生活中。❶ 在这种情况下，大规模、全国性的工人运动（罢工、游行、请愿、示威）已经不是主要的斗争手段，❷ 工会的工作重心转移到各个行业内部，根据不同行业的实际情况来开展常态化的维权和争权活动。其结果是，任何触动本行业人员既得社会权益和福利的变革都会遭到强烈的抵制。因此，被认为是符合法国社会整体利益，能够促进法国经济社会全面发展，提高法国国际竞争力的变革措施都很难推进。于是，行会主义成为主张效仿英美自由经济模式，以增强法国经济活力的政治家和学者批判的对象——行会主义是法国经济社会僵化的"元凶"。

事实上，行会主义在经济和政治层面上，确实是一股反对自由主义的强大力量。行会主义在政治上，反对现行代议制的多党竞争，主张各社会利益集团的"功能代表制"（representation fonctionnelle），要求加强政府权威；在经济上，主张各社会利益集团内部和之间的"协商"（concertation）和"整体合

---

❶ Algan Y, Cahuc P. La société de défiance, comment le modèle social français s'autodétruit [M]. Paris: Rue d'Ulm, 2007.
❷ 在法国，全国性的工人运动一旦爆发，就会产生极大的冲击力，通常会改变法国政局的走向，影响法国历史的进程。比如，1968年的"五月革命"迫使戴高乐下台，1997年的全国大罢工导致朱佩政府倒台，2006年反CPE（首次雇佣合同）运动使德维利潘政府收回以法律形式颁布的改革法案。

作",加强政府的宏观控制和调整作用。很明显,这种主张带有强烈的"垄断"(monopolistique)的特征:"什么是行会主义代表制的特性呢?首先是其垄断而非竞争的特征",通过垄断型代表制结构对各种社会利益作宏观组织。❶ 由此,引出了通常与行会主义一同被批判的"国家主义"。因此,在许多人眼中,行会主义富有极强的"反民主"倾向,尤其"行会主义在二三十年代曾经是意大利法西斯国家的理论,给自由主义民主造成了危害"。❷

如果说反行会主义在"二战"后主要体现了法国社会意识形态的斗争,那么自从20世纪70年代"石油危机"终结了"三十年辉煌"以来,它就逐渐演变成一场全民范围的思想大论争。

科塔(Cota)是法国为数不多的对行会主义持肯定态度的学者之一,他认为行会主义是法国经济的根本结构之所在。它在工运中发挥着争取职业特权索求的功能,捍卫了各行业的既得利益。尽管大多数学者都把行会主义看作特权的保护伞,但科塔坚持认为正是在永不停息的"讨价还价"中各种经济生活问题才得到了真正的解决。❸ 对认为行会主义一无是处的观点质疑的还有一些学者,例如斯蒂文·卡普兰(Steven L. Kaplan)和菲利普·米纳尔(Philippe Minard)就认为行会主义绝不仅仅是自由主义者宣称的那样是"维护小集团利益"的"狭隘利己主义",它有丰富的文化内涵,是

---

❶ D'Arcy François. La représentation [M]. Paris: Economica, 1985: 127.
❷ D'Arcy François. La représentation [M]. Paris: Economica, 1985: 129.
❸ A. Cota. Le corporatisme [M]. Paris: Fayard, 2008: 64.

维系法国社会运作的重要保障。❶

无论是持肯定态度还是否定态度，行会主义的经济社会功能是不言而喻的。但我们认为行会主义对法国社会经济发展最积极的作用，也是其最重要的贡献，就是它帮助培育并维持法国普遍的崇高职业精神和道德。

三、行会文化造就职业精神——"荣誉的逻辑"

在法国，存在一种被迪尔巴尔纳称为"荣誉的逻辑"的共同生活和工作的方式❷，借助它，我们可以很好地解读法国人的思维方式和行为方式。在这种逻辑下，每个人都会严格地以所属群体——行业群体的独特的"传统""道德准则""特殊性"要求自己，自觉地承担起与之相对应的责任与义务，从而在个人荣誉和群体荣誉的高度去维护作为"行业人"的尊严。"荣誉的逻辑"隐含着一个事实，那就是法国社会是由大大小小的以职业划分的群体构成的，而这些群体都有自己特有的行为系统，之间相互"密闭隔绝"。有人对此难免质疑：在经历了被认为是"最彻底"的资产阶级革命——法国大革命的洗礼之后，进入现代社会的法国，怎么还保留了封建社会的等级结构与小农特征？

首先，对行会主义批判的高涨呼声，从反面证实了法国社会严重分化的现实。那么如何解释法国大革命与这个现实的关系？

---

❶ S. L. Kaplan, P. Minard. La France, malade du corporatisme [M]. Paris: Belin, 2004: 78.

❷ P. D'Iribarne. La logique de l'honneur: Gestion des entreprises et traditions nationales [M]. Paris: Le seuil, 1989.

在迪尔巴尔纳看来，行会主义的历史源远流长，是法国文化根基的一部分，任何社会变革都只能改变它呈现的形式，而不能将它消灭。行会主义分割、分化的传统不仅存在于工商业中，而且体现在法国的社会结构中。法国大革命前的享有不同责任与义务的三个等级社会并未完全消失。❶ 一般认为，法国大革命的一个最重要的成果就是废除了特权等级的特权，实现了人人平等。但在如此复杂的社会结构中，要想斩除所有的特权，几乎是不可能的。在托克维尔看来，与其说法国大革命废除了特权等级的特权而实现了人人平等，不如说它是通过承认每个人都享有"特权"而实现这个目的的。❷ 所以，法国社会的特权主义不仅没有被大革命根除，相反，却得到了加强。正如迪尔巴尔纳论述的那样："这些过时的东西❸绝对不仅仅是革命时代留下的残余、旧法国社会的生活理念、特殊主义的理论仍然主导着我们当今社会的共同生活方式。这种理论如在旧制度下一样，是将法国社会分成都有自己特有精神风尚、价值观以及行为准则的众多群体的主要因素。"❹

特殊主义和行会主义确实会促使每个群体去捍卫与其特

---

❶ 以贵族等级为例："谁要是想清楚地描绘出贵族等级内部的结构，就不得不借助于更多的划分标准，必须区分持剑贵族与长袍贵族、宫廷贵族与外省贵族、老贵族与新贵族；这个微小的社会仅仅是整个社会的一部分，我们却可以在其中发现与后者一样复杂的细微差别。"(Tocqueville. Etat social et politique de la France, in Oeuvres Complètes [M]. Paris: Gallimard, 1991: t. II.)

❷ Tocqueville. L'ancien régime et la révolution [M]. Paris: Flammarion, 1985.

❸ 行会主义和特殊主义——笔者注。

❹ P. D'Iribarne. L'Etrangeté française [M]. Paris: Le seuil, 1989: 58.

殊身份相对应的利益、特权，但对法国社会的深入观察，使得我们发现"在不遗余力维护自己既得利益的同时，法国人也以一种罕见的责任感去履行自己应尽的义务。而这种责任感仅仅来自于一个简单的事实，那就是我们属于这个群体，我是这个行列的一员。这个事实已经足够，不需要任何形式的权威来约束。不仅如此，这种责任感远远超越契约或法律的规定，也超越任何惩罚的威慑。事实上，正是这些特殊利益和与之相对应的责任和义务，构成了每个人的社会身份，两者缺一不可"。❶ 捍卫自己的特殊利益与履行自己的责任与义务一样，都是在维护自己作为群体一员的身份的荣誉。而这种荣誉感，正是被孟德斯鸠认为的"可以抵御以统治者的随意和被统治者的不负责任为特征的暴政的保障"❷。

不可否认，个体的利益或者小群体利益会与法国社会整体利益产生冲突，一味捍卫群体特殊利益的行为难免会对社会运转的正常秩序产生负面影响，发出一些"不和谐"的声音。但是，我们应该看到，冲突的激化在绝大多数情况下毕竟是短暂的、局部的和理智的，而在法国社会经济生活中，我们看到的更多是"温和的原则"❸（迪尔巴尔纳语）和法国式的责任感和荣誉感——最终演化成"干好工作的自豪"，对"体现自我"的本职工作的热爱。而这种感情又促使他们"不辞辛苦、一丝不苟地工作"。

---

❶ P. D'Iribarne. L'Etrangeté française [M]. Paris：Seuil, 2006.
❷ Montesquieu. De l'esprit des lois [M]. Paris：Gallimard, 1995：22.
❸ 对原则、规章、制度的灵活态度，对惩罚机制的慎重使用——笔者注。

四、行会主义的制度支撑——社保制度及其启示

人人都有对他人、对社会的责任感，都以自己是某某（老师、医生、司机、服务员等）为荣，都以自己的本职工作感到自豪，从而努力干好它，尽自己的社会义务，这是工匠型社会最本质的特征。那么如何唤起这种职业荣誉感呢？仅仅靠道德教育，显然是远远不够的。"传统如果没有被结构与程序物化，那么它将是无力的，就像结构与程序，如果没有传统来保障对它们的尊重，也将毫无约束力。"❶ 一种精神的培育，一种风尚的形成必须有坚实的制度作为支撑，而支撑法国行会主义和特殊主义的是法国的社会保障体系。

虽然法国社会保障制度宣称遵循"统一、全民、均衡"的原则，但事实上，它不折不扣地体现了行会主义与特权主义的思想。仅以退休体制为例，法国《社会保障法》以国家法律的形式承认，从事隶属于特定组织职业活动的人有权享有《社会保障法》所规定的全部或部分的，包括社会保险、职业病保险、工伤和退休在内的社保服务的特殊待遇。

按照一般的逻辑，享受"特殊待遇"的人应该为少数。但在法国的社保体系中，情况则似乎"有悖常理"。据统计，享受"特殊待遇"的劳动者有近500万人，占法国就业人口的四分之一强。❷ 现在，我们来认识一下这些"从事隶属于特定组织职业活动的人"。法国《社会保障法》对此有十分

---

❶ P. D'Iribarne. La logique de l'honneur：Gestion des entreprises et traditions nationales [M]. Paris：Le seuil，1989：263.

❷ T. Tauran. Les régimes spéciaux de sécurité sociale [M]. Paris：Presses Universitaires de France，2000.

清晰的规定。R711-1条款明确指出以下人员为"特殊待遇"享有人：

（1）在国家行政机关、司法机关、公共服务部门、国家公益机构，事业单位、国有工业企业、国家印刷厂工作的公务员、法官以及国家工人；

（2）在大区、省和市镇工作的地方政府工作人员及雇员；

（3）在省和市镇非工业和非商业公共服务和公益机构工作的人员；

（4）1938年6月17日修订法令中涉及的参照法国渔民待遇的劳动者；

（5）1946年11月27日颁布的第46-2769号政令规定的从事采矿业及相关产业的企业工人（从事石油采掘业的企业除外）；

（6）法国国家铁路公司雇员；

（7）与全民铁路运输业相关的国家和地方机构和企业雇员、有轨电车公司雇员；

（8）电能和燃气生产、运输和销售企业雇员；

（9）法兰西银行及其系统雇员；

（10）巴黎国家歌剧院和国家喜剧院演职人员及雇员。

除此之外，在历次的社保改革中，不断有新的人员加入到享受"特殊待遇"的行列之中。这其中就有在设立"公证人书记退休与帮扶基金"之际，由1937年7月12日法令批准的从事公证行业的人员。尽管公证行业人员并没有被列入《社会保障法》的有权享受"特殊待遇"人员名单，但其权

利与前者有同等效力。这样的例子还有很多。❶

需要特别强调的是,虽然"特殊待遇"被其享有者看成一种"特权",但它并不一定意味着一种附加的收益,在多数情况下它仅仅意味着"专享",更接近"差异"的含义。事实上,不同的"特权"是很难比较孰优孰劣的,仅仅是不同而已。这些不同涉及社保的方方面面:退休年龄、缴纳养老金期限、缴纳比例、养老金计算方法、政府补贴等,与每个人的切身利益息息相关。一种"特权"的享有者可能在退休年龄上占便宜,但在养老金计算方法上会吃亏;或在缴纳养老金期限上占便宜,在政府补贴方面吃亏。总之,没有一种"特权"在所有方面都占尽先机,因此,"特权"只不过是"差异"而已。

作为封建行会的产物,"特殊待遇"是由国家或私营雇主创立,旨在满足一些特殊行业的社保需求,或作为对一些行业职业艰苦或危险性的一种补偿。在法国,"特殊待遇"有着十分悠久的历史。早在1698年,巴黎国家歌剧院的演职人员就被批准享受特殊的退休待遇。之后的1709年,法国渔民和商业海员也有了自己独享的退休制度。

值得一提的是,绝大多数的"特殊待遇"出现在社会保障"一般待遇"之前。直到1945年(10月4日法令),法国才有了对社会保障的通则,即"一般待遇"。制定"一般待遇"的初衷是取代以往的"特殊待遇",从而提高社会保障制度的规范化,真正体现"统一、全民、均衡"的原则。

---

❶ 比如,享受"特殊待遇"的机构还有众议院、参议院、军队、巴黎公交系统、法国工商会、教会、波尔多港等,不一而足。

事实却是，由于"特殊待遇"的享有者都全力捍卫自己的既得利益，强烈反对任何不利于自己的变动，法国政府不得不承认"特殊待遇"的存在，并首先以法律的形式陆续规定一些行业有权享有"特殊待遇"。一个行业获得了特权，其他行业立即提出要求，于是出现了各个行业争相要求"特殊待遇"的"多米诺"效应。结果是不仅之前的"特权行业"都保留了自己的特权，而且不断有新的行业成为"特权行业"。

虽然法国《社会保障法》规定所有的"特殊待遇"都是暂时性的，暗示最终会并轨到"一般待遇"，但至今为止，并轨的改革还没有在哪个享受"特殊待遇"的行业取得成功。

五、结　语

构建工匠型社会绝不仅仅是提供职业培训、提升专业技能，而是必须以每个人都有很高的荣誉感为前提：为个人的荣誉，为家族的荣誉，为所属社会群体的集体荣誉而自觉地承担起社会责任和义务，尤其是要通过兢兢业业，高质量地完成本职工作，为他人、为社会提供好服务。这样一来，每个人都在一种"荣誉的逻辑"下，凭借自己掌握的技能和资源，尽力地去满足他人的需求，帮助他人解决困难，实现人人为我、我为人人的团结、互助的价值观。

实现这一目标，必须有坚实的制度保障，保障与责任和义务相对应的权益，因为"荣誉的逻辑"就是义务与权益的特殊性，两者不可分割，缺一不可。体现行业差异性与特殊性的社会保障制度，能够使每个人由于所在行业享受"特殊待遇"而产生自己社会地位"独一无二"的行业归属感，可以有效地激发个人的职业荣誉感，从而促使自己增强责任感，做好本职工作，最终形成一种尊重他人工作，继而尊重他人尊严的社会风尚。

法国通过社会保障制度的行业化强化了所属职业的职业身份和地位，产生了文化和制度之间的良性互动。法国人正是通过社会保障制度中划分的不同行业的特殊性建立了职业归属感和认同感，成就了职业精神和工匠精神。这对我国建设工匠大国具有一定的借鉴意义。通过关注社会保障制度的文化内涵和文化意义来完善制度安排，将制度构建的文化意义作为体制机制改革的思路和目标。

参考文献

[1] 克鲁泡特金. 互助论 [M]. 朱洗，译. 北京：商务印书馆，1963.

[2] 王燕阁. 法国现行社会保障体制及其改革 [J]. 学习与实践，1997（2）.

[3] 徐瑞仙. 法国社会保障制度及其对我国的借鉴意义 [J]. 西北成人教育学报，2004（2）.

[4] 周俊. 论法国的收入再分配对中国构建和谐社会的启示 [J]. 法国研究，2006（2）.

[5] A. Cota. Le corporatisme [M]. Paris：Fayard，2008.

[6] Algan Y, Cahuc P. La société de défiance, comment le modèle social français s'autodétruit [M]. Paris：Rue d'Ulm，2007.

[7] F. D'Arcy François. La représentation [M]. Paris：Economica, 1985.

[8] J. Capdevieille. Modernité du corporatisme [M]. Paris：Science Po, 2007.

[9] Montesquieu. De l'esprit des lois [M]. Paris：Gallimard, 1995.

[10] P. D'Iribarne. La logique de l'honneur：Gestion des entreprises et traditions nationales [M]. Paris：Le seuil, 1989.

[11] S. L. Kaplan, Philippe Minard. LaFrance, malade du corporatisme [M]. Paris：Belin, 2004.

[12] Tocqueville. L'ancien régime et la révolution [M]. Paris：Flammarion, 1985.

［原文发表于《上海市社会科学界第七届学术年会文集（2009年度）青年学者文集》，收录时做了大幅度修改］

法国的行会主义文化
——《舌尖上的法国》的影视人类学解读

摘　要：法国的行会主义文化传统是法国具有特色的职业文化，通过履行行业职责和争取行业特权的形式表现。早期通过行会团体的形式，行会废止后通过工会和社会保障制度中的特殊制度的形式呈现。《舌尖上的法国》以影视人类学的视角再现了这一文化，将不同行业的行业惯例、行业荣誉感展现得淋漓尽致。行会主义不再是狭隘的利益集团的博弈，而是一种具有积极社会、文化意义的职业传统，值得传承和延续下去。

关键词：行会；职业传统；影视人类学；文化意义

一、法国行会主义的文化传统

在法国社会，职业荣誉是所有文化价值观中占主导地位的文化，也被称为职业文化。对法国人而言，工作就是全部要履行的职责，而规定这些职责的是行业惯例。正是围绕着特定的行业惯例，职业才被分门别类，从而形成独一无二的职业身份。从事一种职业，也就取得了相应的身份，与之相匹配的责任随之确立。在工作执行中，固有职责比书面规定的具体工作内容更有指导意义。法国社会这种重视职业荣誉，并以此作为行动原则的传统深深地植根于中世纪的等级社会。在这个法国大革命也未能完全摧毁的体系中,是一种"荣誉的逻辑"最终成为主旋律,而高贵和低贱的对立是这个逻辑的和谐内容。在旧制度被推翻的法国社会,对应大大小小、难以计数的旧社会等级的是同样不可胜数的行业、职业身份。每种身份由行业、职业的惯例要求所履行的职责定义,而这种职责不仅在内容上远远超越法律或契约规定的职责,而且在履行上无须任何外部权力的介入,完全依赖每个人的职业荣誉感。

职业荣誉不仅要求按照"惯例"以近乎苛刻的标准履行职责,同时也通过对等的权利得以体现。这便是职业荣誉的另一面:"特权"。如同旧制度时期的社会等级一样,每种职业身份都对应着自己专属的权利。每个职业根据自身的特点提出自己认为有资格享有的权利,因此,每个职业所享有的权利或权利组合都是独一无二的,这被法国社会形象地称为"特权"。很显然,不同于旧制度时期特权等级所享有的特权,这里的"特权"是相对的。这些"特权"在以法律、法规、政令以及劳资协议等方式固化之后,构成法国现行社会保障制度的内容。这些权利是各个职业群体在通过长期的不懈奋斗,向整个社会争取而来的。因而,它们绝不仅仅是一些普通的权益和福利,而是承载和象征着整个社会对一个职业荣誉的认可和尊重。这些权利的减少是对职业荣誉的损害,而对于个体而言,放弃这些权利就如同没有履行职责一样,是对职业荣誉的玷污。

源于等级对立,后演变为与身份、地位匹配的荣誉及对荣誉的捍卫,形成了一种本位主义的力量,将法国社会分化成具有各自特点、风俗习惯和游戏规则的职(行)业群体,即行会，为法国社会结构奠定了一个基本格局。而无论是规定职业职责及履行标准的"惯例"，还是每个职业所享有的"特权"都与行会有关，而由此衍生出"行会主义"。

法国行会兴起于11世纪，高卢-罗马的行业协会和日耳曼的吉尔德组织是最初的形态。这两个组织同时带有宗教和慈善的色彩，为了保护其成员应对各种灾害，这个时期的社团组织职业性质不是十分明显，直到11世纪在卢瓦尔河-罗纳河地区产生的行会才开始有了职业色彩的萌芽。这个时期的行会成员主要是为伯爵、神职人员、国王服务的手工业者。吉尔德组织最初将大商人和小零售商组织起来建立一种团结和互助，早期主要集中在面包商、毡合工、成衣商等。从13世纪开始，随着经济、政治的稳定，无论在发达城市还是相对落后的地区，行会开始增多，并且严格按照行业规范来组织。在法国，许多行业如皮货商、成衣商、旧货商人、建筑工人、工商业者、面包店老板、肉店老板等通过行会的建立得以形成。由于经济原因，为了控制生产，统治者对行会给予支持并且增加行会成员，统治者和行会师傅之间达成协议。[1] 亨利二世在1581年立法推广行会，亨利四世1597年也同样鼓励行会的发展；黎色留和科尔伯特也竭力发展行会。一直到18世纪，宫廷给予行会重要支持，行会发展达到了巅峰。

二、法国行会主义在现代社会中的形式

尽管行会从13—18世纪得到了繁荣发展，但从14世纪

---

[1] R. Castel. Les métamorphoses de la question sociale [M]. Paris: Fayard, 1995: 228.

开始便遭遇了危机。准入条件的严格和控制使加入行会变得越来越困难,内部晋升和外部招募受到了控制。从此,成为行会师傅的概率越来越小,并且只保留给行会师傅的儿子。从16世纪开始,持久性的大罢工开始出现,1539—1542年,里昂的打印工人和巴黎的打印工人举行罢工。这场行会的内部危机还伴随着商业资本主义的发展和行会的自然衰落。17—18世纪,人口增长,城市发展迅速,工业劳动力增加,受其他欧洲国家的影响,特别是资本主义发展的影响,让-巴普蒂斯特·柯尔贝尔(Jean-Baptiste Corber)倾向于更加自由的经济模式,在技术革命的影响下,工作方式逐渐改变。在欧洲范围内,经济变革对行会组织提出了质疑,英国和荷兰都对行会提出了批判,认为它是阻碍机械化发展的桎梏。这一时期,启蒙运动思潮的崛起掀起了一场知识运动和道德运动,人们开始主张生产领域、政治领域和思想领域的自由。1791年,工作自由、商业自由、工业自由的法案得到推行,沙普利法提出司法上的个人主义:职业群体、企业主、工人或学徒不能选举总统、秘书、工会,为公共利益制定法律法规(article 1)。这是对行会的一种削弱,否定了行业利益(article 2)。同时,政府通过打压行会来加强国家的权威,使行业参与到竞争中去。1940年,行会得以复苏。❶

尽管行会的发展受到了限制,但在旧制度之前它还是得到了更深一步的发展。❷ 大革命虽然废除了行会的发展,但

---

❶ Y. Tinard. L'exception française [M]. Paris: Maxima, 2001: 240.

❷ E. Coornaert. Les corporations en France avant 1789 [M]. Paris: Gallimard, 1941: 161.

这个传统仍然在当今的社会机构中得以保留。在法国工业化的历史上，行会主义始终是一种现代化管理的工作方式。这显示了法国社会对行会传统的依恋。14世纪和16世纪，商业资本主义蓬勃发展，利益和收益成为此种经济模式的主要特点。社会分工使得行业变得难以独立，劳动力市场变得越来越自由，生产方式随着交易方式的自由而变得自由。然而，法国的劳动者并未完全被这种生产方式改变，他们倾向于保留他们的特权和传统的生产方式。政府对这种生产方式给予支持，特别是传统制造业，如钢铁、建筑材料、汽车等领域。❶ 传统的生产和工作方式与资本主义精神不匹配，在新工业革命的浪潮下，法国人坚定地不接受这种新的工作方式，行会模式始终占据主导，并排斥自由和竞争。

1791—1852年，行会的影响也没有完全消失，互助会和工会先后填补了行会的空白，承担起捍卫职业利益和加强职业团结的责任。这种职业团结以秘密的形式维护着职业化。如亨利·哈茨菲尔德所说，"在行会被禁止的一段时间里，工人们在很多时候都试图重新集合起来，这出于多方面的原因：控制产品价格，期待一个变革的行业组织，对互助和团结的渴望"。❷ 波旁王朝复辟时期、七月王朝统治时期、第二共和国统治初期，很多的互助组织建立起来，承担了救助和反抗运动的双重职责。互助会的数量从1800年的60个增加到1815年的114个，先是在巴黎，后逐步在格勒诺贝尔、

---

❶ R. Castel. Les métamorphoses de la question sociale ［M］. Paris: Fayard, 1995: 241.

❷ H. Hatzfeld. Du paupérisme à la sécurité sociale 1850-1940 ［M］. Nancy: Presses universitaires de Nancy, 2004: 58.

里昂、马赛等地建立。

1791年,法国大革命彻底废除了行会,这意味着将整个社会划分成不同的职业群体的格局也被打碎。然而,不可否认的是,1791年前的行会主义的精神还在当今社会继续占有一席之地,法国社会仍然由不同的行业群体组成,每个群体捍卫自身的职业特权并履行自身的职责,形成一种行业自治,建立了行业地位和职业荣誉感。❶ 行会主义精神的延续在现代社会中通过工会组织和社会保障制度得以延续。

法国社会保障制度呈现出"混合型"的特征,即既具有普惠性和全民性,又具有职业性。法国社会保障制度设立了"3U"原则,分别为统一(Unity)、全民(Universalite)、均衡(Uniformite)。除此之外,法国社会保障制度呈现出碎片化的特征,根据不同的职业群体建立了四大制度:一般制度、农业制度、非农领薪制度、特殊制度。一般制度涉及私有工商业部门的员工,还包括学生、非领薪作家、战争遗孤、失业者、实习生等。农业制度覆盖农业相关雇佣劳动者、个体农业劳动者和小农劳动者。非农领薪制度涉及个体劳动者,主要有手工业者、自由职业者、个体工商业者。特殊制度是法国社会保障制度最具特色的制度,也是最具"碎片化"的制度;在1945年法国社会保障制度建立之前就存在,在建立正式制度时也没有被取消,又延续了碎片化的结构模式。特殊制度涉及众多公共部门的行业制度:公务员制度、电气和煤气制度、国铁公司制度、巴黎公交公司制度、

---

❶ R. Castel. Les métamorphoses de la question sociale [M]. Paris: Fayard, 1995: 117.

海员制度、矿工制度、神职人员与公证员制度、法兰西银行制度、地方公职人员制度、国营工人制度、军队制度、烟草业退休制度、歌剧与喜剧退休制度、剧院退休制度、储蓄所退休制度、特殊行业退休金库制度、工伤事故基金、农业工伤基金、特殊地区集体制度、国民议会退休制度。特殊制度在医疗、养老保险、家庭补贴等各个方面享有优越性。比如，在养老保险方面，特殊危险的行业可以享受提前退休的待遇，比如海员、矿工、国铁司机、巴黎歌剧院演员等。特殊制度的退休金可以达到在职工资的75%，而一般制度只有50%。一般制度按职业生涯中工资水平最高的25年的平均工资来计算养老金，而特殊制度按照职业生涯最后6个月的工资水平来计算，福利待遇水平更好。除此之外，特殊制度的退休金较少受经济危机的冲击，给付水平稳定，整体水平高于私有部门雇员。在养老金转移配偶政策上，特殊制度不受一般制度中年龄和收入的限制，可享受配偶工资50%的待遇。在退休年龄上，特殊制度根据各行业的差异可以在不同程度上提早退休。在医疗保险方面，特殊制度受益者可享受免费医疗。定期发放的医疗补贴也比一般制度优越。在工伤保险方面，特殊制度中的公务员制度可以直接将工伤保险挂靠在退休保险下，而一般制度只是在员工不能工作期间给予一定补贴。家庭补贴方面，特殊制度设有补充性补贴，如公务员和军人的补充家庭补贴。除此之外，一些行业可以享受特有的优惠政策，这虽然不属于社会保障的范围，但也成为特殊制度的一种特色。例如，法国电力公司的员工用电只付正常电价的十分之一，法兰西银行雇员的贷款只缴纳低价利率。

第二部分　法国教育与职业文化研究

法国社保障制度具有明显的行业化特点。整体制度安排呈现出碎片化的特征。一般制度针对所有工商业、服务业等私人部门雇员。农业制度的受益人群为农业相关雇佣劳动者及个体农业劳动者。非农领薪制度涉及自由职业者，特殊制度适用于众多公共部分：法国铁路公司职员、矿工、海员、公务员、巴黎歌剧院演员等。

特殊制度的基本养老金计算基数是职业生涯中最后六个月的收入水平，替代率达到70%~75%。一般制度的基本养老金计算基数是职业生涯中薪资最高的25年的收入水平，补充养老金以整个职业生涯的收入水平为准，替代率为60%。特殊制度在退休年龄上享有优势，但限制严格。法国目前的法定退休年龄为64岁，即在满足缴费期限的172个季度的前提下，年龄达到64岁时方可退休并领取退休金。对于"非典型性风险"或"异常疲劳"职业的从业者，可早于64岁退休，如警察、护工、消防员等。特殊制度在退休年龄、缴费水平、养老金计算方式等主要参数上均有差异，在补充保险和家庭保险方面也各有不同。看似是特权的强化，其实是集体归属感的建立。基于补偿行业艰苦从业条件以及由此产生的"社会降级"，特殊制度在某种程度上保障了国家承认的、本行业专项的权益，捍卫了个体职业自尊。

法国行业化的社保制度为每个人建立了一个特别制度，特别制度建立的依据是行业的危险系数和艰辛程度。职业荣誉感和行会主义精神阐释了行业规范和职业责任感。行业化的社保制度通过对不同行业和职业群体的关注和尊重，重塑职业荣誉感和行会精神，正如卡斯特尔提出的："社会保障制度模型是法国职业社会的缩影，每个在等级社会中的职业群体唯恐失去自身的特权，竭力得到别人的认可，并显示他与别的职业群体的不同。"[1] 行会主义文化是法国社会保障制度行业化的土壤，法国社会保障制度为行会主义文化提供了制度保障，两者相辅相成，彼此促进。

三、行会主义文化在《舌尖上的法国》中的呈现

在影片中，各个行业专注于生产有原产地标识的产品，"这些产品都是带着热情做出来的，不会差的"（肉制品），熟练的屠夫，掌控正确的重量和颜色，同时还要保证主动脉的完整。要做出好的火腿，颜色要是均匀的粉色。传统的技术和工业加工不同，用传统的方法保持产品的风味，高品质的象征。猪肉屠宰工艺家，把热情融入喜欢的工作中去，猪要养182天，在那之前不能出栏，否则就不能贴上红色标签。这样的肉质更佳，在室内养殖的猪是吃饲料的，不会达到这个标准。饲料也关系到标识，要含60%的谷物，90%要含有油脂和谷物蛋白，其他的都是矿物质。卡莎玛尔专心做带标识的猪肉，他的爸爸也是做熏肉肠的。火腿制作过程要持续18个月，熟食不止是一种享受，还是一种传统，是巴斯克地区的骄傲，优质的、有灵魂的食物，蕴含着制作者赋予的意义和灵魂，制造者对每个环节严格把关，照看土地，为种子提供良好环境。麦子用来喂猪，从土地到熟肉酱，用2年时间。

甜点中的糖渍水果已经传承很多代了。马卡龙的历史

---

[1] R. Castel. Les métamorphoses de la question sociale [M]. Paris: Fayard, 1995: 261.

可追溯到17世纪路易十四的皇家婚礼上。亚当家族按照传统的方法制作马卡龙，让-皮埃·特列里亚·亚当制作马卡龙有22年的历史了。他的祖父和父亲都是制作马卡龙的，是一个古老的家庭传统。研磨过的杏仁和糖是马卡龙配方的核心。配方父子相传，1660年国王路易十四结婚时采用的便是亚当家马卡龙。马卡龙老店从三个世纪前到现在，让-皮埃·特列里亚·亚当在获得学位后，他的父亲将配方传给了他，他感觉自己像被赋予了一种使命，一种人生使命。在圣雷米，糖果巧匠已经延续传统5个世纪。皮埃·里拉曼德经营着1866年成立的家族生意，并确保是手工制作。克劳德·布兰切特发现的梨子，生长于距离圣雷米10公里的地方，是非常古老和可口的品种，糖渍梨子全部是手工的。通过代代相传的知识，来传承所有制作秘诀。测量、称重、混合、烘焙和调味，法国最好的手工制作者利用他们的知识，进行实验以创造出令人流口水的甜品，历经数代，多年努力和一些无法言明的东西让这一切变得与众不同。

一位叫玛丽翠·加拉科齐的生产商用手工收割辣椒，保证辣椒不会被划伤、切断，种植辣椒的地区的降雨量也比其他地区大，保证品种与众不同。辣椒会有15天的自然腌制过程，然后放到50℃的烤箱维持24小时，干辣椒拥有典型的埃斯佩雷特风味，也就是有水果味和一点甜味，玛丽翠·加拉科齐出生在辣椒世家，她的爸爸和祖父母都是生产辣椒的。辣椒行会生产并推广辣椒，已有45年的历史，辣椒标准委员会的成员聚集在一起，决定谁会获得珍贵的标签使用权，评审的标准包括色泽、外形、香味和辛辣度。果酱生产商在种植果树时没给树加过水，因为他们认为加的水越多，香味就被稀释得越多，不加水香味就能保留下来。果酱生产商认为真正关键的是工匠的天分，认为制作好的果酱需要有感情放在里面，产量很小，从来不会超过4公斤，要注重烹饪手法、色泽以及纹理，这跟工业食品不一样，加入的糖分比例应该在53%~63%之间，为了抢夺法国最好的果酱生产商头衔，必须通过非常精确的果酱评级标准。

诺曼底海滩是特殊胡萝卜的家乡，雅克·蒂雷尔是四位当地生产者之一，一生都在耕种这一非凡的蔬菜，他们位于法国芒什省的科唐坦半岛，蔬菜种植者和他的祖父、父亲在这里出生，他的整个家庭都住在这里，钻石胡萝卜的成长需要4个月，11月底停止生长并在未来4月底成熟，丰收的胡萝卜在干草下面，用祖传的耕作方式，种植了50年之久，他们尽量减少对胡萝卜的损害，丰收过后，5000吨的胡萝卜将由人工筛检，而且都有非常完美的橘色，它们都经过一一校准，长相端庄没有损伤，所有程序都是人工的，他们认为别的地方没有这样的胡萝卜，像克雷昂赛或科唐坦那样，生长的环境是如此奇特，它长在地下直到最后，从来没进过冰箱，它一直都很柔软脆弱。每棵蔬菜都需要种植者精心的照料，怀着耐心和细心，随着岁月的迁徙，商品菜园经营者安妮·贝尔坦谈道："我比较喜欢天然的方式，非强制性的，没有一丝丝人工成分在里面。"安妮的人生格言就是保持天然。

各行各业都有食品生产的标准和规范，从业者恪守行业准则，将行业传统发扬光大，手工制作是他们对行业精神的传承和维护。

四、影视人类学视域下的法国文化研究

格尔茨的文化解释学理论为分析国家间的文化差异提供了理论范本。法国社学家迪尔巴尔纳自 20 世纪 70 年代用解释人类学的观点去分析社会的文化差异，他借助"基本担忧"的概念解读占主导地位的文化价值体系。他认为一个社会之所以区别于另一个社会，即文化的差异，从根本上源于"基本担忧"的不同。早期的人类社会在生存、繁衍、延续、发展的过程中面临同样的来自自然界和自身的威胁与挑战。在随后的漫长历史进程中，不同的社会在对这样威胁和挑战的认识上逐渐产生了分化，即某些威胁和挑战愈加凸显，而另一些则相对淡化（如农业社会部落更加担心劳动果实被其他部落用暴力掠夺；而狩猎社会部落更多关注恶劣自然条件的威胁）。经过文化积淀，某些凸显的担忧最终形成了社会所有成员共有的"集体想象"（collective imaginary）。基本担忧引导人们采用各种手段和策略去保护自己，从而使自己区别于其他民族和国家的人，形成自己的一套行为模式和思维体系。

传统的三级社会的等级秩序已经不复存在，但法国社会还是由不同"等级"组成的。每个行会在激烈的社会博弈中都力图保护自己的既得利益并为自己争取更多的利益，以维护整个群体的荣誉。虽然现代行会在许多场合都以本行业劳动者权益捍卫者的角色出现，但它绝不仅仅是狭隘的利益集团。事实上，更多情况下现代行会是职业精神和道德的倡导者与传播者。只不过这一使命是以一种潜移默化的方式行使的，远没有前一种显得激烈和引人注目。通过强化职业责任

感和捍卫行业既得利益（特权）来维护群体荣誉是法国行会主义文化的核心价值观。

《舌尖上的法国》通过对食物的加工、制作展现了法国社会的行业精神和行业文化。不管是马卡龙的制作者还是胡萝卜的种植者，都表达了对职业的热爱和忠诚，都以手艺人自称，认为人工制作是品质的保证。法国的传统行业从业者世代相传，有30年以上的历史，他们使用祖传的方式生产、经营，并以获得行业内公认的标签使用权为荣。

影视人类学视域下的法国文化研究呈现了食品制作人的制作过程和从业心态，展现了当代法国人共同生活的方式，使文化研究不局限于刻板印象，而是利用民族志的方法，真实考察了法国人工作、生活的真实场景。"基本担忧"通过采访的形式展现出来，每个行业担心荣誉受损，恪守行会主义精神，以行业准则和规范要求自己。影像记录下的文化是全方位的、立体的，是一个意义系统，可以用解释人类学的文化观去探寻其中的具体意义。我们通过让-皮埃·特列里亚·亚当的"我是为马卡龙而生，这是我的使命"读懂行业使命感的含义。果酱生产商文森特和维罗尼卡·伯纳德认为制作好的果酱需要有感情放在里面，将制作果酱当作制作艺术品，这就是为什么他们坚持限制产量，纯手工制作，控制加入糖分的比例，按照法国最好果酱生产商头衔的标准生产。卡莎玛先生的爸爸赋予火腿制作灵魂和意义，通过每个环节的严控缔造巴斯克地区火腿制作工艺的职业传统。这些世代相传的职业传统正是法国人对行会主义精神的传承，行会用公共纪律来约束行会成员，师傅掌控整个行会的发展方向并选举宣誓职业成员，整个行会的争议、争端都是由宣誓职业成员来裁决，它是一种职业道德的奉行者。行会拥有一定的特权，同时必须履行相应的义务。行会主义根据职业和社会地位分配权力，将社会分成不同的等级，尽管有着互相的猜疑，还是加强了行业团结。

行会主义更多地体现为"干好工作的自豪"，对"体现自我"的本职工作的热爱。这种感情促使他们"不辞辛苦、一丝不苟地工作"。在影视人类学视角下，这一文化特质被解释和验证，打破了人们对法国文化的刻板印象，行会主义不再是狭隘的利益集团的博弈，而是一种具有积极社会、文化意义的职业传统。把文化看作一个用来解释行为的意义系统能够帮助克服文化研究的认识论的障碍，对法国文化研究具有重要的意义。

参考文献

[1] 菲利普·迪里巴尔纳.荣誉的逻辑[M].马国强，葛志强，译.北京：商务印书馆，2005.

[2] 田珊珊，段明明.法国行会主义对中国和谐社会的启示[C]//上海市社会科学界第七届学术年会文集：中国的立场现代化与社会主义.上海：上海人民出版社，2009：81-88.

[3] E. Coornaert. Les corporations en France avant 1789 [M]. Paris：Gallimard，1941.

[4] H. Hatzfeld. Du paupérisme à la sécurité sociale 1850-1940 [M]. Nancy：Presses universitaires de Nancy，2004.

[5] R. Castel. Les métamorphoses de la question sociale [M].

Paris: Fayard, 1995.

[6] Y. Algan, P. Cahuc. La société de défiance: comment le modèle social français s'autodétruit [M]. Paris: Centre pour la Recherche Economique et ses Applications, 2007.

[7] Y. Tinard. L'exception française [M]. Paris: Maxima, 2001.

法国教育的困境：在等级分化的结构上建立平等

摘　要：法国教育体系具有三大特色：大学与大学校的双轨制、理论教学至上和免费教育。与这些特色对应的教育理念根植于法国社会较为"特殊"的文化价值观，即法国教育体系同时脱胎于旧制度等级社会的"贵族情结"和继承于大革命共和体制的平等原则。近现代法国教育体系的形成和发展就是在两种对立的文化价值观此消彼长的动态平衡中实现的。在这一进程中，法国社会赋予其教育难以完成的使命——通过一个等级分化的结构去实现社会平等。这决定了法国教育很难为了满足相对多变的社会需求而做出背离其传统文化的根本性改革。

关键词：法国教育；改革困境；文化价值观；等级分化；平等

法国的教育体系在西方国家中是特立独行的，在全球范围内也可称得上特色鲜明。例如，为什么法国高等教育中会存在大学和大学校的双轨制？以培养实践人才为初衷的大学校如何演变为专注高级理论教学的教育机构？此外，学科分类等级化、教育免费、轻视职业教育等现象同样给研究者制造了困扰。同时，针对精英化教育、教育的国家集权化、教学脱离社会现实等饱受诟病的结构性问题的多次教育改革尝试均收效甚微。❶ 如何解释改革所遭遇的阻力？回答这些问题需要把法国教育体系置于整个法国社会体系中去考量。因为"一个社会的教育体系反映了这个社会的社会体系并同时构成了社会体系延续下去的主要手段"。❷ 聚焦教育体系社会功能的观点认为，"可以轻而易举地被定性为科层的"法国教育体系只是科层制的法国社会的一个缩影，其使命是满足一定的社会需求。❸ 然而，这还无法完全解释为什么在众多社会经济发展水平相似的科层制社会中（主要是西方社会），法国的教育体系会如此"独特"。尽管克罗齐埃在《科层现象》的结尾也试图从法国社会的独特属性——法国文化——的角度来解读包括教育体系在内的科层制的法国社会体系❹，但在抽离出科层制一般规律目标的指引下，克罗齐埃没有、也不可能在把科层现象归结为一种文化现象的道路上走得太

---

❶ P-L. 高蒂埃，邢克超. 九十年代法国教育改革进程述评 [J]. 比较教育研究，1999（6）：25-28.

❷ 米歇尔·克罗齐埃. 科层现象 [M]. 刘汉全，译. 上海：上海人民出版社，2002：289.

❸ 法国的科层体系需要一个非常高的教育水平，因为这一教育水平必须满足法国科层体系的三个相互矛盾的要求：给青年以必要的教育，以使他们能够承担一个现代工业社会所赋予的复杂而困难的角色；在他们中间进行必要的选择，以使上层社会能够通过完全非人格的手段接纳他们；而与此同时，又要成功地维持现状以免出现过快的社会变动（米歇尔·克罗齐埃. 科层现象 [M]. 刘汉全，译. 上海：上海人民出版社，2002：295）。法国教育的特征取决于其满足的社会需求也是国内研究的主流观点。如：刘清. 试析法国大学校的社会角色 [J]. 外国教育动态，1991（5）：16-20；P-L. 高蒂埃，邢克超. 九十年代法国教育改革进程述评 [J]. 比较教育研究，1999（6）：25-28；张丽. 现代化冲击下的法国教育 [J]. 史学月刊，2003（12）：79-86.

❹ 《科层现象》第四部分题为"作为法国文化现象的科层现象"。

远。如果说克罗齐埃已经提到存在一种"法国模式",那么教育体系的"法国模式"是建立在怎样的文化价值观之上的?本研究拟就这一问题进行探讨,力图系统解读法国教育的特色。

一、法国教育的特色

与其他欧美国家相比,法国教育特色鲜明,主要体现在三个方面:大学与大学校的双轨制、理论教学至上和免费教育。

(一) 大学与大学校的双轨制

法国高等教育由公立大学和大学校两个独立并行的系统构成,前者继承于中世纪的教会大学,后者发端于拿破仑精英化和专业化的教育改革。两个系统的组织和运作遵循完全不同的教育理念。

1. 追求"人性高贵"的公立大学

从历史上看,教会是法国大学的创办者,也一直是大学的实际控制者和管理者,因此,大学的教育理念不可避免地带有旧制度下等级❶社会价值观的烙印。今天的法国公立大学并非一个均质的整体,是由三个按照学科体系划分而成的相对独立的部分构成:文理学院,技术学院以及药学、医学和法学院。三个部分在教育理念、培养模式、招生方式、教

---

❶ 法国大革命前的旧制度下的社会结构分为三个等级:第一等级为教士,第二等级为贵族,第三等级为平民。法国的这一社会结构对法国教育体系影响深远,下文有专门论述。

学组织等各个环节上均有本质上的差异。❶ 作为中世纪大学的主体继承者，今天的文理学院仍然是教士等级教育理念的忠实践行者。教士关注的是神圣世界、死后的救赎与灵魂的不朽，在充满神谕与启示的圣经和代表理性的古希腊哲学的指引下，追求精神世界的自由与解脱。在教士等级精神气质的熏陶下，文理学院的使命在于对人精神的开化、思想的启蒙，以使之成为更高层次的、"高贵的"人。这种普世性的教育理念的对象是所有人，确切地说是世俗世界中处于蒙昧状态的人。这种有教无类的教育理念反对任何形式的对学生的筛选，而其对"高贵"纯粹精神层面的理解与世俗世界格格不入，削弱了文理学院对现实社会的影响力。相较于大学校，公立大学毕业生在法国社会经济管理群体中占比偏低。这是因为："他们抗拒行政级别，抵触上下级关系……这种抗拒和抵触有两层含义：首先，是针对企业的业务流程组织（如班次时刻表、工作时限、招标细则以及来自上级、股东、客户的监督等）。具体表现为以精神追求为由（如天职、原理、探索等），反对向经济利益低头，并由此反对年轻的知识分子向雇主低头。其次，文理学院的毕业生还表现出对承担领导角色的厌恶。他们并不喜欢作为'行政级别上的上级'去面对'下级'。"❷ 事实上，大部分文理学院的毕业生

---

❶ 技术学院是公立大学效仿"大学校"的产物；药学、医学和法学院则完全遵循一套传统行会体系组织和运作；从业人员中的佼佼者担负培养新生力量的责任；传授的知识理论与实践并重；入学（行）者的数量和素质受到较严格的管控；入学者即可享受众多的职业特权；等等。在此，限于文章主旨，不一一展开。

❷ L. Boltanski. Les Cadres：La formation d'un groupe social [M]. Paris：Minuit, 1982：326.

最终都选择从事教育（尤其是中等和高等教育）和研究这类更接近教士等级的职业。

2. 培养"知识贵族"的大学校

大学校遵循的则是完全不同的模式。启蒙运动中的百科全书派不仅为法国大革命提供了思想原料，也为新时代的法国设计了新的共和国精英的培养方式。作为革命的成果，巴黎综合工科大学、巴黎高师以及其他艺术和职业专门学校几乎在同一时间相继创立，这标志着一种全新教育模式的诞生，其本质就是作为新贵族等级代表的大资产阶级介入此前一直由教士等级垄断的知识传播领域（参考文理学院模式），并借此提升自己对国家政治、经济和社会生活的影响。"大学校"的核心教育理念是"知识贵族"。它从流行于18世纪末法国社会的"每个人的身上都有造物主赋予的天赋，都有将其发掘的使命"的思想出发，认为人人都有与生俱来的特定天赋才能，而正是这些天赋才能决定了每个人所享有的社会地位，因为一个"真正有才能"的人是"天生治国"的。[1] 大学校要培养的是权力精英，或者更确切地说是辨识应该成为权力精英的人。这被布迪厄解释为把学生召唤进"权力场域"进行培养。学生的潜质是其占据权力职位的正当性的基础，要远远重于其所接受的培训。很显然，这与认为知识的掌握取决于后天启蒙的教权主义观念有着根本的不同。在这样的理念下，大学校模式最重要的内容是入学选拔，而选拔的难度反映的是学校的水平。在综合工科大学首

---

[1] 卢梭. 社会契约论［M］. 何兆武，译. 北京：商务印书馆，2005：115.

次入学选拔中，考官就被明确要求主要依据学生的天资，而不是其现有知识水平去挑选。[1] 在这个意义上，入学选拔考试在某种程度上体现的是上帝的判断，即每个人从造物主那里获得的天赋。选拔通过后，社会地位的问题旋即得到解决——成功者获取了终生受用的"知识贵族"头衔。

（二）高高在上的理论教育

法国教育的另一个特色是理论教学占据绝对崇高的地位。在大学校系统中，在"越是涉及抽象高深的理论知识，越能够测定高品质的才能"的指导思想下，选拔考试本身就立足于纯粹的理论分析。入学后，学生接受的高水平课程教育也主要体现在理论知识上，以证明其"知识贵族"头衔的含金量。声望最高的巴黎综合工科大学只提供纯粹的理论教学（企业实习并非教学内容），只有一些被称为"应用性"的学校才将实践教学纳入课程设置之中且比重非常有限。这种情况甚至影响到学生对所接受教育的定位。比如，力学在法国被作为数学的一个分支，在美国却变成了土木工程系的实践性科目，这给大学校出身的法国学生带来了很大的困惑。同样，在文理学院对未来教师的培养中，课程体系中最被看重的是最为理论化的部分，教学法及其他的实践知识则被看作次等知识。尽管对此抨击的声音不绝于耳，认为年轻教师在教学技能上准备严重不足，但重理论轻实践的现状很难改变，更何况必须通过严格的、理论化的国家专门考试才

---

[1] G. Claris. Notre Ecole polytechnique [M]. Paris: Librairie imprimeries réunies, 1895: 118.

能取得大学或高中教师职衔。对理论推崇备至根植于崇尚理性的启蒙运动。理性之所以崇高，不仅因为它能够引导人得到真理，更因为它不追求任何实用性的目的。因此，"教育就其宗旨而言应当是普世性的。它所涵括的各知识门类在实际用途上或许有多有少，但是其中没有一门是真正无用的，没有一门无用到应当予以抛弃或视而不见。相反，在这些知识门类中间，存在着永恒的联盟，相互的依存"。由此可见，在一个组织良好的社会里，尽管没有一个人能够成功地做到万事通晓，但至关重要的是，"每个人都有学习一切的机会"❶。较之于实践的、具体的知识，普世性的思想、普遍性的真理具有更高的价值。"大学让人们做好准备的那些职责，特点就在于都不是单凭机械训练就能够掌握的，而是需要理论训练，实际上，这正是它们的根本所在。为了让年轻人为这些职责做好准备，首先不是教给他们某些特定的动作，而是教给他们观念。""理论是实践的必需条件，是一项本质要素，有时候几乎相当于全部的实践。要想能够履行这些职业，单单掌握技术技能是不够的，还必须知道怎样去思考、判断和推理。"❷ "技术性的能力"甚至会损害教育精英的形象："一位巴黎综合工科大学毕业生社会成功的最佳标志，或许就是在多少有点早熟的年龄里，避开工程类或者研究人

---

❶ 涂尔干. 教育思想的演进 [M]. 李康，译. 上海：上海人民出版社，2006：314.
❷ 涂尔干. 教育思想的演进 [M]. 李康，译. 上海：上海人民出版社，2006：334.

员之类的纯技术职务，以便达到某些权威性的职位。"❶ 由于学生被认为主要通过在职业生涯中获得真正的职业技能，所以无论在高等教育还是中等教育中，职业技能的实践教育始终处在边缘化地位。"中等教育从来不曾拥有一种以职业取向为根本的目标。无论在经院时代，还是在人文主义盛行时期，艺学院（相当于中等教育职业技术学院）里的教师都不曾致力于把自己的学生培养成哪一种特定职业的成员。"❷

即使在大革命后，职业技术教育发展的最辉煌的"中央学校"❸ 时期，它也没有取得与理论教育平起平坐的地位："18世纪，政治家和教育理论家们感到需要更好地协调教育的本质和实际生活的迫切需要，他们操心的是要让学生接触到一种更贴近某些职业的教育，而古典文化只会将人们的头脑偏转开去。在中央学校的组织形式里，对于实际的关注占据着主导地位，或许还失之过度。尽管如此，这些中央学校也从未变成过专门技术学校，准备培养学生从事同样的具体工作。"❹ 涂尔干甚至认为职业教育违背了教育应遵循的原则："要避免有悖于自己的本性，它就一定不能把自己的宗旨定在让人们准备好进入工商业中的某种生计，即使是为了

---

❶ 布尔迪厄. 国家精英：名牌大学与群体精神［M］. 杨亚平，译. 北京：商务印书馆，2004：114.
❷ 涂尔干. 教育思想的演进［M］. 李康，译. 上海：上海人民出版社，2006：333.
❸ 中央学校（Ecoles centrales）是法国大革命期间由各省设立的中等学校，其目的是改革旧制度下专注文学、语法等实用性不强的教育模式，课程体系更多地考虑学生职业发展的需要，设置了较多实践性学科。1794年创办，1796年底停办制为国立中学。
❹ 涂尔干. 教育思想的演进［M］. 李康，译. 上海：上海人民出版社，2006：333.

进入法律界或军界也不见得更好，因为中等教育的本质特性就在于不直接将人领入任何一项具体的职业。"❶

（三）免费教育

国家为教育的举办主体，为社会成员提供免费或近乎免费的教育是法国教育体系第三个特色。这个在"人力资本投资"论看来非常不合时宜的举措，却是教育精英论和教育大众论这两个针锋相对观念的共同主张。法国大革命后，共和国的多个国民教育规划都明确规定，国民教育是国家对其全体公民应尽的义务和责任，各级学校均实行强制性免费教育。❷ 如前所述，法国精英教育重在选拔，通过严苛的选拔把具有天资的学生挑选出来是精英教育最核心的内容，同时，选拔也是脱颖而出者社会地位的合法来源。因此，选拔必须确保本身是纯粹的，不能受到任何形式的玷污。很显然，金钱是应该绝对地被排除在外的。❸ 而国家作为组织者，是选拔考试合法性的唯一保障：不仅保障选拔考试不受金钱的腐蚀，也保障考试内容和形式的权威，并由此最终保障由选拔确立的教育层级的合法性。对于大众教育而言，国家保障免费的教育就更加不言而喻了：教育的对象是天生平等的公民，教育免费才能确保其不沦落为特权阶层的专属。在法国，国家提供的免费教育并非局限于传统的通识教育，即使

---

❶ 涂尔干. 教育思想的演进 [M]. 李康, 译. 上海：上海人民出版社，2006：315.
❷ 涂尔干. 教育思想的演进 [M]. 李康, 译. 上海：上海人民出版社，2006：312.
❸ 这与英美体系的贵族学校通过收取高额学费筛选学生的做法形成对比。

在很多由企业承担的职业技术教育也依然被纳入公立教育体系。在法国，企业举办的教育不仅被看作完全意义上的实用教育，而且被认为会在受教育者身上培植出针对教育的依附关系，即学生一味付出努力去满足企业和市场的现实要求，而这种依附关系是与公民独立的尊严格格不入的。职业技术教育中的学徒制因其与"驯养"有一定程度的相似性，始终没有得到法国社会的完全认可。将职业技术教育纳入公共服务体系，使之摆脱来自企业的压力，是避免学校成为市场的"仆役"的唯一途径。职业技术教育的质量被认为取决于教师的职业道德心，而非技能，因为只有具备职业道德心的劳动者才是经济发展真正需要的既有技能又有自主品质的劳动者。在法国，也存在收费昂贵的私立教育机构，尤其是在商业教育领域。选择进入这些教育机构的学生是为了获得收入上的提高，其接受的教育本身所遵循的理念却被法国社会以太过功利为由而嗤之以鼻。其中一些私立教育机构会举办旨在为进入传统公立教育渠道而设置的预备班，但又被指责为"临时抱佛脚"而依然得不到法国社会的好评。

二、教育头衔与社会地位

"教育制度就是社会制度"[1]，法国教育的三大特色体现的正是注重等级的法国社会整体的特征，其背后演绎的是教育头衔与社会地位之间的复杂关系。

---

[1] A. Prost. Histoire de l'enseignement en France 1800-1967 [M]. Paris: Armand Collin, 1968: 7.

第二部分　法国教育与职业文化研究

（一）学科分类等级化

大革命在法国消灭了贵族阶层，但没有消灭"贵族情结"。❶ 大革命后的法国社会赋予了贵族现代性特征。《人权与公民权宣言》第 6 条明确指出："在法律面前，所有的公民都是平等的，故他们都能平等地按其能力担任一切官职、公共职位和职务，除德行和才能上的差别外不得有其他差别。"其中，获取 dignités❷（体现高贵的高位、显职）是核心思想所在。当然，获取高贵的途径不再是个人出身，而是"能力"（capacité）、"才能"（talents）和"德行"（vertus）。相应地，共和国的教育自然应该囊括多样的学科专业，以适应多样的才能及其匹配的职位。被称为"法国教育思想圣经"的朗之万-瓦隆规划开宗明义地提出："通过教育普及来建立教育公平，从而让每个人按照其资质获得应有的社会地位，实现所有人的最大发展。"❸ 对于那些资质有限者，共和

---

❶ 汉语"贵族"一词对应的法语词条"noble"及"noblesse"并非一个单纯的词汇，而是一个内涵丰富且具有法国文化专属特征的意义系统。这意味着"noble"及"noblesse"在法国之外的文化中很难找到严格意义上的对等。这种文化专属性源自其依托的实体存在——法国贵族阶层——的独特性。对此，托克维尔就曾感叹道："要让英国人懂得法国贵族是怎么回事是十分困难的。"（托克维尔. 旧制度与大革命［M］. 北京：商务印书馆，1992：292.）虽然从社会范畴来讲（"noble"及"noblesse"也可用于美学范畴、道德范畴等），字面上可以把"noble"及"noblesse"翻译成汉语中的"贵族""高贵""杰出""卓越"等词，但其文化专属性所强调的是"出身的高贵"。从这个意义上看，布迪厄的著作 *La Noblesse d'Etat* 是否能被译为"国家精英"仍值得商榷。（鉴于本文主旨及问题的复杂性，在此不做进一步展开。）

❷ 中文版本将 dignités 译为"官职"，并未体现其内在的贵族理念。

❸ L. Gutierrez, P. Kahn. Le plan Langevin–Wallon：Histoire et actualité d'une réforme de l'enseignement［M］. Nancy：Presses universitaires de Nancy，2015：16.

国的教育体系应该"依据天性和兴趣,将其引导向实用、具体和真实(的领域)"。在这样的理念下,学科专业被进行等级排序。❶ 例如,在高中阶段,数学被列为最高等级的科目,职业技术最低。由此,法国教育通过学业分类让个体接受符合自身社会地位的身份认同:"学业分类活动建立了行动者的社会属性和学业位置之间的对应关系,而学业位置本身又根据教学、教学机构、学科或专业的等级而等级化了。对于教师而言,等级化了的学业位置则是根据学校的级别和学校所在的地点来划分的。处于等级化了的学业位置上的行动者的序列反过来又构成了将继承所得的资本转化为学业资本的主要机制。"❷ 用布迪厄的话来说:"教育体系,即制度化的分类操纵机构,本身也是一个被客观化的分类系统,这个系统以一种变化了的形式再生产社会世界的等级,以及社会世界的符合社会阶层的'层次'分化与专业和学科划分。这些划分反映了社会划分,比如理论与实践、想法与执行之间的对立。所以,这个系统以表面上中立的形式,把社会分类转变为学校教育分类并建立了不被当成纯粹技术的(进而是片面的和不公正的),而是被当作全面的、以本性为依据之等级的等级,由此导致将社会价值与'个人'价值、将学位与人的尊严等同起来。"❸ 因此,差异化十分明显的学科专

---

❶ 虽然20世纪90年代的法国教育改革对学科专业多极化进行了修正,但业已形成的排序的影响力并未减弱。比如,大学校预科班及大学校的选拔考试仍然以考生的数学成绩为主要参考依据。

❷ 布尔迪厄. 国家精英:名牌大学与群体精神[M]. 杨亚平,译. 北京:商务印书馆,2004:114.

❸ 布尔迪厄. 区分:判断力的社会批判[M]. 刘晖,译. 北京:商务印书馆,2015:615.

业教育是不言自明的，而相应的，学生之间的差异也似乎是与生俱来的：一些人生来就适合在偏重理论与基础研究的学科中接受抽象的教学，而另一些人则更适合接受应用性的教育。

（二）对精英教育的质疑

第二次世界大战后，在"人性解放""教育均等化"等社会思潮的影响下，精英主义教育思想受到了严厉的批判和质疑。最为系统的批判莫过于布迪厄的《国家精英》。在这部著作中，布迪厄基于对法国中学优等生会考优胜者这一精英群体的社会文化特征深入分析，演绎和归纳出一系列独特而重要的社会学概念，如习性、惯习、场域、行动者、位置、文化资本等，从而揭示出国家精英与名牌大学之间、名牌大学与社会体制之间、社会体制与各种公有或私有的企业之间那种相互依存、互为表里的复杂关系，揭示了"文化资本"在教育体制中制造的不平等现象。很显然，认为社会中的一些成员具有才能上的优越性，并因此形成一个特别群体的观点都被认为是荒谬的、不合时宜的，因为它会导致所谓"知识贵族"的合法化，而那些所谓的精英阶层则会合情合理地占据一种统治地位。不仅如此，就教育行为本身而言，精英教育注重对学生天赋选拔的理念也被认为是一种教育资源的浪费："这些学生通过家庭教育已经具备它们所要求的习性——这种做法是如此明显，以至于人们不得不这样问自己，这些教学机构是否会像罗马人常说的那样，不满足于

'教鱼游泳'。"❶ 对于激进的批评者来说，所有学生之间存在的差异仅仅是由教育的组织形式造成的，精英主义的教育最终会导致教育的"资本化"。在打破精英主义教育的呼声不断高涨的背景下，法国也拉开了教育改革的大幕。改革的方案总体上有两种：一种比较激进，另一种则较为温和。激进的方案主张通过取消学科分类实现"教育并轨"，或最大限度地降低学科之间的差异并打通学科之间的转换通道。为了实现这一总体目标，其鼓吹者建议了两种方式。第一种方式是"普遍拔高"的方式，即给予每个学生接受高级水平教育（精英式教育）的机会。为此，必须推出强有力的教育支撑政策，以帮助学业困难的学生具备接受高级水平教育所要求的能力。1982年实施的教育区域优先（ZEP）政策❷就是"普遍拔高"理念的产物。另一种方式则意在一劳永逸地取消精英教育。其倡导者对繁杂高深的精英教育内容持全盘否定的态度："真正起教育作用的东西与对费德尔❸内心感受的复杂分析，对一个分析几何问题的精妙探讨毫无关系。真正起教育作用的东西是能够有力量将人类聚集在一起的通识性知识，是所有人——无论是所谓'聪明'的，还是那些被认为是'不够聪明'的——都能够获得的知识。"❹ 当然，这种

---

❶ 布尔迪厄. 国家精英：名牌大学与群体精神[M]. 杨亚平，译. 北京：商务印书馆，2004：63.

❷ 对于 ZEP 的成效，一些学者持否定的态度。如：B. Roland, K. Francis, P. Corine. The French zones d'éducation prioritaire: Much ado about nothing? [J]. Economics of Education Review, Elsevier, 2009, 28 (3): 345-356.

❸ 费德尔（Phèdre）是法国 17 世纪剧作家拉辛作品《费德尔》中的主人公，其以曲折复杂的内心活动闻名，是学术界经久不衰的讨论议题。

❹ P. D'Iribarne. L'Etrangeté française [M]. Paris: Seuil, 2006: 209.

第二部分　法国教育与职业文化研究

方式被"普遍拔高"理念支持者指责为"不负责任的低水平均等化";更何况,处于优势的社会阶层总会找到让其子孙后代摆脱"均等化"的途径,从这个角度来看,这样的"低水平均等化"更是反社会的。❶ 与此同时,改革者中的温和派主张在每个学科专业都获得同等社会尊严的前提下,保留它们之间的差异。法国前教育部长克劳德·阿莱格尔(Claude Allègre)曾明确表示:"平等不是让尽可能多的人进入那些高贵的、独特的、通过设计好的选拔渠道才能进入的学科专业。平等是承认在绘画上的成功与在数学上的成功享有同样的社会认可;观测的天赋和对抽象关系的痴迷一样有尊严。对于科学而言,其教育方法要重新审视,要把它从数学单一的控制下解放出来,重新赋予观测本应享有的高贵。"❷ 在实践层面上,两种理念都按照自己的逻辑推出了一些改革措施,最终的结果是形式上的平等与实质上的不平等的并存。形式上的平等包括不同类型的高中❸文凭互通互认,大学文凭的统一等。实质上的不平等则出现在教育链的各个层次和环节,也更为隐蔽。即使在同一所学校,不同的班级之间也存在巨大的成绩差异:初中毕业率从最好的100%到最差的0%。❹ 究其原因,是由于为了留住优秀的学生,声誉平平的学校有意识地择优编班,以确保至少有一个班级的水平是优秀的。

---

❶ J. Julliard. Le Malheur français [M]. Paris: Flammarion, 2005: 99.
❷ C. Allègre. Ce que je veux [N]. Le monde, 1998-02-06.
❸ 法国高中分为普通高中、技术高中、职业高中等不同类型。
❹ 教育部评估报告,引自 *Le Monde*, 1998年2月12日。

(三) 难以改变的观念

理想的官方立场与现实情况之间的巨大落差在让法国社会逐渐失去对改革派承诺的信心❶的同时，也引起了对法国教育模式更深层次的思考。不难看出，问题的症结在于精英教育。对现有精英教育的任何调整都意味着改变教育头衔与社会地位之间的关系，而这将触动维系法国社会的、建立在高贵/低贱对立上的价值观体系，是很难为法国社会接受的。法国社会中，一切归于高尚、高贵、荣誉的东西与一切归于卑劣、低贱、无耻的东西形成强烈对立。这一对立源于前述的"贵族情结"，它为理解法国社会提供了最基础的解释框架。从社会结构角度来看，脱胎于等级社会❷的法国社会依然保留了行会主义的特征。行会主义的力量将法国社会分成都有自己特有精神风尚、价值观以及行为准则的众多职业群体。这些以职业划分的群体在群体荣誉感的驱使下，不遗余力地为自身争取更高的社会地位，避免社会"降级"。从价值理念角度来看，

---

❶ 例如，ZEP 政策于 2019 年实施期满。由于成效远远低于预期，加上财政压力，一些学校被陆续纳入退出 ZEP 政策的名单，失去政策红利，由此引发了一些地区民众的示威游行活动。参见相关新闻链接 http://france3-regions.francetvinfo.fr/provence-alpes-cote-d-azur/bouches-du-rhone/metropole-aix-marseille/marseille/touche-pas-ma-zep-nuit-mobilisationmarseille-1187877.html，访问日期：2024 年 4 月 15 日。

❷ 即使是在每个等级内部，也存在林林总总、为数众多的亚群体。以贵族等级为例，托克维尔在《旧制度与大革命》中专门用较大篇幅解释法国的贵族状况。对于法国贵族等级内部结构的复杂性，托克维尔这样总结道："若要忠实地描绘贵族等级，就不得不采用繁多的分类方法，必须区分持剑贵族与穿袍贵族，宫廷贵族与外省贵族，旧贵族与新贵族。在这个小小社会中，可以找到同全社会（小社会只是它的一部分）几乎同样多的差异和阶级。"（托克维尔. 旧制度与大革命 [M]. 北京：商务印书馆，1992：280，281.）

作为旧制度下一个社会等级的"贵族"的消失，却成就了作为人存在的品质的"贵族"。第三等级痛恨的不是贵族等级高贵的生活与高贵的精神气质，而是自己作为人的"高贵"受到蔑视与践踏。因此，"第三等级这回要成为征服者，重新变成贵族了"。❶ "高贵"不仅没有随着贵族等级的消失而成为故纸堆中才能找到的过时字眼，反而因为更多社会成员的参与，变成内涵更加丰富并且更加与时俱进的鲜活概念。虽然"三级社会"的格局一去不复返了，但每个人都存在于一个特定的"等级"（主要为职业群体）中，并因此产生一种赋予其存在意义的荣誉感。这里所指的荣誉不是道德层面上的，也没有客观标准，而是一种与某个"等级"（群体）身份相对应的自豪感。而这正是法国社会赋予"高贵"的真正含义："荣誉就是每个人和每个阶层的成见……荣誉的性质要求优遇和高名显爵。"❷ 荣誉是否值得尊重既不由法律也不由君主规定，而由每个群体凭理智决定，所以它是一种偏见，取决于每个群体的"爱好"，而不取决于他人的意志。这种偏见和"地位"带来的自豪感及害怕失去这种自豪感的恐惧心理交织在一起，严格规定一旦处于某种地位，"任何事情，倘使足以使我们显得同那种地位不相称的话，我们就不应该做，也不应该容忍别人去做"。❸ 在高贵/低贱

---

❶ 西耶斯. 论特权，第三等级是什么？[M]. 冯棠，译. 北京：商务印书馆，2010：22，24，25.
❷ 孟德斯鸠. 论法的精神 [M]. 张雁深，译. 北京：商务印书馆，1995：29.
❸ 孟德斯鸠. 论法的精神 [M]. 张雁深，译. 北京：商务印书馆，1995：24-25.

的对立中，隐藏着精英教育的合法性。承认个体之间资质与禀赋上的不平等是前提，而所有主张维持学科专业之间、教育机构之间社会地位差别的立场，都源于对各自群体荣誉的捍卫。于是，"担心特权受损的公职人员、利益不同的各类教师以及一向保守的大学教师"❶成为教育改革的最大阻力。例如，2005年，将巴黎高师与技术教育机构合并的计划在法国社会就引起了轩然大波。一些高师出身的评论家毫不掩饰自己的气愤："每个（教育机构）都在属于自己的社会地位上有自己的尊严和作用，把不同的混合在一起，只能使它们变性。"❷当然，这样的言论遭到了针锋相对的回击，"被丧失特权吓坏了的共和国贵族的激烈反应"是"令人惊愕的蔑视""让人担心的嗜古"。❸尽管如此，巴黎高师的合并计划最终不了了之。在一个由等级化和行会化群体构成、群体荣誉至上的法国社会，事实上存在的、对不同学科专业和教育机构高低优劣的制度性区分是很难被抹去的。

三、法国教育的特色：通过一个等级分化的结构去实现社会平等

把法国教育体系置于整个法国社会的文化价值观体系中去考察可以发现，法国教育体系受制于两种截然不同的文化

---

❶ 高蒂埃，邢克超. 九十年代法国教育改革进程述评［J］. 比较教育研究，1999（6）：25-28.

❷ J. Julliard. Sauvons Normale sup !［J］. Le Nouvel Observateur, 2005（10）：54.

❸ Réactions des lecteurs à Jacques Julliard［J］. Le Nouvel Observateur, 2005（11）：50.

价值观：一方面，继承于旧制度下等级社会的"贵族情结"驱使人们把社会行为置于高贵/低贱的对立中去解读，并由此形成了对群体荣誉的坚定捍卫；另一方面，作为大革命最重要的精神遗产，消灭等级、实现人人平等是法国社会不懈追求的最高价值准则，国家被认为是平等最根本的保障。正是这对针锋相对的理念赋予了法国教育难以完成的"独特"使命：通过一个等级分化的结构去实现社会平等。这个"独特"之处不仅诠释了法国教育体系的特色，更引导我们去认识法国教育体系所面临的困境。一个教育体系的运作在很大程度上取决于其所在社会向社会成员分配职位的方式。不同学科专业之间的差异不仅仅在于各自提供给受教育者在不同领域谋求职业发展的技能，更重要的是，它们规定着每个受教育者可以通达的社会地位。在法国社会中，如同旧制度中的贵族头衔一样，"教育头衔"也会给予其拥有者不同程度的高贵。在这样的背景下，即使是仅仅让教育体系满足劳动力市场需求的改革，都会在所难免地遭遇抵制。同样，对于精英教育，是维持，还是取消？看似势不两立的立场，其背后却有着同一逻辑。在法国社会，一切层次、水平的差异会立即被视为"社会地位"上的差异，而这里的"社会地位"触及的是社会成员作为"（平等的）人"的尊严。在这样的意义系统下，层次、水平的差异被解读为在完全意义上的人和公民的尊严上的不平等。平等的理念只能摧毁不平等的旧制度，却不足以建立一个新秩序。在法国这个脱胎于等级社会，又试图依据才能而不是出身重新构建社会等级的社会，精英教育注定既难以被完全接受，也难以被完全取代；而教育平等也仅限于以免费教育的方式部分实现。

参考文献

[1] 布尔迪厄.国家精英:名牌大学与群体精神[M].杨亚平,译.北京:商务印书馆,2004.

[2] 高蒂埃,邢克超.九十年代法国教育改革进程述评[J].比较教育研究,1999(6):25-28.

[3] 卢梭.社会契约论[M].何兆武,译.北京:商务印书馆,2005.

[4] 孟德斯鸠.论法的精神[M].张雁深,译.北京:商务印书馆,1995.

[5] 米歇尔·克罗齐埃.科层现象[M].刘汉全,译.上海:上海人民出版社,2002.

[6] 皮埃尔·布尔迪厄.区分:判断力的社会批判[M].刘晖,译.北京:商务印书馆,2015.

[7] 爱弥尔·涂尔干.教育思想的演进[M].李康,译.上海:上海人民出版社,2006.

[8] 西耶斯.论特权,第三等级是什么?[M].冯棠,译,北京:商务印书馆,2010.

[9] A. Prost. Histoire de l'enseignement en France 1800-1967 [M]. Paris: Armand Collin, 1968.

[10] D. Allègre. Ce que je veux [N]. Le monde, 1998-02-06.

[11] G. Claris. Notre Ecole polytechnique [M]. Librairie imprimeries réunies, 1895.

[12] J. Julliard. Le Malheur français [M]. Paris: Flammarion,

2005.

[13] J. Julliard. Sauvons Normale Sup! [J]. Le Nouvel Observateur, 2005 (10).

[14] L. Gutierrez et P. Kahn. Le plan Langevin – Wallon: Histoire et actualité d'une réforme de l'enseignement [M]. Nancy: Presses universitaires de Nancy, 2015.

[15] L. Boltanski. Les Cadres: La formation d'un groupe social [M]. Paris: Minuit, 1982.

[16] P. D'Iribarne. L'étrangeté française [M]. Paris: Seuil, 2006.

[17] Réactions des lecteurs à Jacques Julliard [J]. Le Nouvel Observateur, 2005 (11).

(原文发表于《比较教育研究》2017年第11期,有修改)

第三部分
法国文学文化研究

法国文化中高贵/低贱的对立
——从普鲁斯特到布迪厄

摘　要：通过对《追忆似水年华》与《区分：判断力的社会批判》中隐喻手法的考察，可以发现这两部完全不同的作品都将高贵/低贱的对立作为核心的对立概念进行阐释。三种分别对应教士、贵族和资产阶级社会层级的摆脱低贱（腐朽）的方式，让我们在大革命发生后的一个多世纪的法国仍然可以辨识出旧制度下等级社会的轮廓。这反映了法国社会历久不变的思维方式和文化价值观体系。

关键词：对立；文化；隐喻；法国；高贵；低贱

文化与语言的关系一直是文化人类学探讨的一个重要议题。早在19世纪，洪堡特就提出了民族语言与民族精神不可分割的理论，并指出："一个民族的世界观在一种比较普及的文学中得到反映，并且从连贯的言语出发铸刻在语言中。"[1] 之后的涂尔干[2]、

---

[1] 威廉·冯·洪堡特. 论人类语言结构的差异及其对人类精神发展的影响[M]. 钱敏汝, 译. 北京：商务印书馆, 2006：205.

[2] 爱弥尔·涂尔干. 宗教生活的初级形式. [M]. 林宗锦, 彭守义, 译. 北京：中央民族大学出版社, 1999：483.

斯特劳斯❶、萨丕尔❷等都将语言看作进入作为群体特征的文化价值观的钥匙。然而，这并未改变文化模式研究主要运用田野调查、问卷调查等实证研究方法的状况。20世纪七八十年代，以隐喻为中心的认知语言学的兴起为文化模式，特别是体现文化核心的价值观模式的研究提供了新的途径。由美国认知语义学家莱考夫和约翰逊于20世纪80年代提出的概念隐喻理论（Conceptual Metaphor）认为隐喻其实是人类思维的重要手段，是人类生存的基本方式，而不仅仅是一种修辞手法。❸

人们通过隐喻将抽象的概念在脑海中形成具体的图像，或者将抽象的概念与具体的事物进行联系，达到清晰阐释这些抽象概念的目的。这种范畴化特征使得隐喻在很大程度上不再等同于隐喻表达形式，而是代表由一系列隐喻的修辞表达式构成的对某一特定概念的认知及评价体系。具体来说，对概念隐喻的范畴化体现在将源域中具突显或原型意义的部分特征系统地向目标域的映射；同时，根据抽象程度的差异将隐喻组织成金字塔似的等级结构用以系统化相关隐喻概念。其中对特定概念的认知和评价体系反映了社会群体成员

---

❶ 克洛德·列维-斯特劳斯. 野性的思维［M］. 李幼蒸, 译. 北京：中国人民大学出版社, 2006：2.

❷ 萨丕尔-沃尔夫假说认为, 语言决定人们对世界的认识, 是形成人们世界意象的决定性因素; 而世界意象随着人们赖以思维的语言体系的不同而变化。爱德华·萨丕尔. 语言论［M］. 陆卓元, 译. 北京：商务印书馆, 1985：18.

❸ 乔治·莱考夫, 马克·约翰逊. 我们赖以生存的隐喻［M］. 何文忠, 译. 杭州：浙江大学出版社, 2015：49.

共享的认知和社会文化资源。❶ 正是从这个角度，概念隐喻的观点把隐喻看作一种约定俗成的普遍存在的语言形式，是人类思维及行动的基本方式。对同样的文化内容，不同的文化会选取不同的视域对其进行阐释，这种有意识的语言选择体现出各文化存在的价值观差异，是文化与文化相互区别的重要标志。因此，隐喻与文化息息相关，是文化研究，尤其是价值观研究的重要途径。

《追忆似水年华》与《区分：判断力的社会批判》这两部法国文学和社会学巨著，虽然在写作目的、行文风格、成书年代等各个方面都存在巨大的差异，但都不约而同地运用隐喻的手法去阐释同一个对立概念——高贵/低贱的对立。对立源自人们对现实世界的体验，普鲁斯特和布迪厄的这一共同体验引导我们去考察他们思维方式中的共性和本质，并由此探究其背后反映的法国文化价值观体系。

一、《追忆似水年华》里的高贵与低贱

写作于20世纪20年代的《追忆似水年华》真实地再现了19世纪末20世纪初的法国社会，特别是法国中上层社会的生活状况。普鲁斯特在作品中大量运用隐喻的修辞手法，以至于《追忆似水年华》中的隐喻成为一个文学现象从而引发大量文学评论。对于隐喻，普鲁斯特也给出了自己的理解和看法。在作品的结尾，作者这样写道："……在用两种感觉所共有的性质进行对照中，把这两种感觉汇合起来，用一

---

❶ P. Eubanks. A war of words in the discourse of trade：the rhetorical constitution of metaphor [M]. Carbondle：Southern Illinois University Press，2000.

个隐喻使它们摆脱时间的种种偶然，以引出它们共同的本质……它往往要我在另一事物中才让我认识到某事物的美，在贡布雷的钟声中才让我认识它的中午，在我们的水暖设备的嘎儿声中才让我认识东锡埃尔的早晨。"（1720）❶

然而，普鲁斯特笔下的隐喻，已经大大超越了作为修辞点缀的隐喻，或者诗歌中浪漫的隐喻，它是作者思想的呈现。正如作者所说的那样，这"不是技巧问题，而是视觉问题"（2150）。可见，普鲁斯特对隐喻的认识契合了概念隐喻的观点。从这个角度来看，普鲁斯特笔下的隐喻更是一种习惯、一种思维方式，它超出了语言文字的范畴，并外延至作者的价值观、世界观感知。当然，普鲁斯特对世界和社会的感知折射的是当时法国社会群体成员的共享认知。从普鲁斯特的思维方式中，可以洞悉法国社会的文化价值观。

在《追忆似水年华》里，有一类特别的隐喻引起了我们的注意——它贯穿整部作品，并成为作品主要矛盾和冲突的焦点，甚至从某种程度上说，作为小说主线的"我"的精神世界的扭曲都是围绕其展开的——这就是以高贵/低贱的对立为核心形成的隐喻。在法国社会中，一切归于高尚、高贵、荣誉的东西与一切归于卑劣、低贱、无耻的东西形成强烈的对立。这一对立是法国文化价值观的核心坐标，为理解法国社会提供了最基础的解释框架。在普鲁斯特的笔下，可以找到表达高贵/低贱的对立的三种范畴：社会范畴、美学范畴和道德范畴。在所有这些范畴里，通过隐喻的手法，一切低

---

❶ 本文参照《追忆似水年华》译林出版社 2008 年的三卷本。标注于括号中的引文页码即为此版本中的页码。

贱的事物都无一例外地与有机物质的腐烂、人的堕落，以及二者所昭示的死亡和引发的唾弃相关联。

普鲁斯特笔下到处充斥着社会、道德的低贱与一个腐朽世界的紧密映射。低贱的事物和人总是与腐烂的物质成对地出现。小女裁缝那"发出难闻的气味"的、"恶臭"的楼梯，以及楼梯通往的"可恶"的台阶和"家家门口的擦鞋垫上都摆着一只脏的空奶罐"（234）无一不是"平民区"里"肮脏房子"（230）的特征。圣马丁门和圣德尼门被认为是"肮脏的街区"（348），"贫穷"引起了"厌恶"（481），充斥于维尔迪兰沙龙的"路易-菲利浦和维奥莱-勒迪克的臭大粪"（212），一切"粗野"、"无耻"都在"发臭"。"斯万之恋"部分中，遭受维尔迪兰夫人嫌弃的斯万针对维尔迪兰夫妇的谩骂，将这一紧密映射表现得淋漓尽致。为了把"小人物"（208）定性为"社会阶梯中最低的一层"（209），斯万用了"厌恶的欢快"（208）、"恶心的笑话"（208）、"堕落到了万劫不复的泥坑"（208）、"九泉之下叽叽喳喳，口吐无耻谰言"（208）等犀利的表达。他将维尔迪兰夫妇及其座上宾视为"一伙粪土垃圾"（209）。显而易见，斯万对维尔迪兰夫妇的感受等同于腐败物质所激起的反感。"任何一个鼻子稍微灵一点的人都会皱起眉头躲避这样的熏天臭气的"（208），斯万的反感已经到了"嘴撅得简直叫他感觉到脖子上紧张的肌肉都蹭到衬衣领子了"（208）的程度。对斯万而言，"上流社会的那些人，尽管不无可以指责的地方，却跟这一帮流氓不一样"，其"明智"体现在"当他们拒绝结识这一伙，不屑于玷污自己的指头去碰他们的时候"，以至于斯万感叹道："圣日耳曼区的那句箴言 Noli me tangere

（不要摸我）是何等富有真知灼见！"（209）

与此同时，高贵与纯洁则成为抗拒腐朽的象征。普鲁斯特在作品里将一般用来定义社会属性的"高贵"用于更广范围的描述。斯万曾经赋予维尔德兰家的客厅以"一种精神贵族气派的风味"（207）。"慷慨感情"被认为是"崇高❶的感情"（349、350），"杰出的品德"会有"高尚的表现"❷（451），会被看作"最杰出的智慧、最高尚的心灵"❸（926）。类似的，普鲁斯特把通常用来给道德定性的"纯洁"——"在他身上才具有某种真正纯洁和无私的色彩"（519），"我自信动机纯洁"（349），"他对我的友情是多么纯洁"（225）——也用于描述社会属性。"血统"有"纯正"（535）之分，"环境"也有"纯洁"（208）之别。"纯正的血统"、"纯洁的环境"与"如此纯净的钻石"（332）、"如泉水一般清澈❹的魅力"（391）一样，是抗拒腐朽的圣物。

从高到低时，普鲁斯特刻画了一种极为私密，但是刻骨铭心的心理上的拒绝与挣扎。"如果与德·夏吕斯先生的偏见相似的偏见妨碍这几位贵妇人去与血统不那么纯正的女性为伍，而将她们未起任何变化的崇高完整地奉献到他的祭坛上……"（535）；"不与之为伍"为的是保全"未起任何变化的崇高"；同样，唯恐躲避不及的还有像"巴登或者尼斯这两个五方杂处的城市生活"（226）这样的东西。当然，拒

---

❶ 此处原文使用 noble 一词，本文认为译为"高贵"更为贴切。
❷ 此处原文为 noble détachement。
❸ 此处原文使用 noblesse 一词，分别被译为"杰出"和"高尚"。
❹ 此处原文使用 pur 一词。

绝不是没有代价的。"狂妄使他们对于坐在他们周围的陌生人没有丝毫近乎人情的好感"（474）：与社会地位相称的"狂妄"剥夺了人性的一部分。不过，并不是所有的人都会接受这种代价。冒着沦为"堕落者"风险的斯万在"杂交（婚姻）"中找到了"快感"（336）。从另外一个角度，对于"他本人所接待的客人"，"他尽力去识辨他们身上的品质，而当我们怀着善意的偏见而不是带着挑剔的厌恶情绪去观察人时，人人都具有这样的品质"（364）。这样居高临下的原则在社会生活中发挥着重要的作用。

由低到高时，高贵与低贱之间的距离则往往产生类似于世俗之人遇见圣人一般的尊重的反应。弗朗索瓦丝对她"这样的女王，这样神秘莫测、至高无上的君主"有着"敬畏、爱慕"（113）。那些犹豫是否要向斯万夫人问好的年轻人"抱着不知后果如何的忐忑心情决定一试"，但心里仍在揣摩："谁知这具有挑衅性和亵渎性的冒失举动是否会损伤那个阶层不可触犯的至高权威，从而招来滔天大祸或者神灵的惩罚呢？"（442）然而，这个距离也会在有些人身上激起对支撑这个距离的世界观的抗拒。有的立场明确："现代无产者""希望在语言中抹掉雇佣制度痕迹"（569）；同时，也存在模棱两可的态度：当圣卢因"对社会主义的向往"而"去寻找一些野心勃勃、衣衫破旧的年轻大学生"时，他"坦诚地希望大学生们原谅他这些贵族根底"。不过，"事实与此相反，正是这些贵族根底对大学生产生诱惑力，正因为如此，他们才找他，同时又对他装出冷淡甚至傲慢的样子"（519）。

二、如何成就高贵与纯洁

普鲁斯特生动地描述了摆脱腐朽的种种方式。这些方式性质是教权的、贵族的和资产阶级（有产者）的。当然，这并不意味着能够在这些理想类型与具体某个群体成员运用的社会策略之间建立严格的对应。事实上，某个群体成员运用的社会策略通常是混合类型的，并试图在各个方向上发挥效用。即使是在一个大群体中，这些策略也不是同质的，会因每个亚群体、每个个体的不同而不同。[1] 这里分析的重点不在于这些社会策略的复杂性，而在于其基本的构成。需要特别指出的是，尽管对每种性质的摆脱腐朽的方式都进行了细致入微的刻画，普鲁斯特的立场并不是中立的。他将教权的纯洁置于最高等级，而将资产阶级的纯洁置于贵族的纯洁之下。

首要的摆脱腐朽的方式莫过于借助进入精神世界，去超越肉体和物质世界的腐朽。在普鲁斯特看来，艺术是当之无愧的最佳途径。值得注意的是，为了凸显其高尚与纯洁，普鲁斯特在涉及艺术的描述中大量使用宗教词汇。小说的叙述者"我"在讲述自己第一次见到盖尔芒特夫人的感受时，表达了一个艺术世界，它远高于符合"生命法则"的物质世界："我失望得很。失望在于我万万没有预料到她会是这样的；过去一想到盖尔芒特夫人，我总是用挂毯或彩色玻璃窗的色调在心中描绘她的形象，把她想象成另一世纪的模样，举止气派与活生生的人完全不同。我万万没有料到她会跟萨

---

[1] 可参考作品对不同类型沙龙之间差异的描写（第419页）。

士拉夫人一样红光满面,打着浅紫色的领结,她的鹅蛋形的脸庞使我想起了我在家里经常见到过的一些人,我不禁顿生一丝稍纵即逝的疑惑:怀疑偏殿里的那位夫人从生成原则和分子构成上说也许同盖尔芒特夫人名实不副,她的体态完全不知道她头顶上的姓氏有多大的分量,恐怕与医生和商人的妻子属于同一类型。我惊讶地注视着她,脸上的表情等于在说:'原来如此,盖尔芒特夫人也不过如此!'她的形象自然同多次出现在我的幻想中的盖尔芒特夫人的形象毫无关系,因为她不同于我抽象地幻想出来的模样。"(128)可以想见,由对一个血肉之躯的人的观察而形成的形象"是实实在在的真人,她身上的一切,包括鼻子一角正在发炎的小疱,都证实了她从属于生命的法则,好比一出戏演得再热烈迷人,仙女的裙褶以及她手指的颤动都揭示出一位活生生的女演员的实际存在"(128)。

在超越尘世的世界里,一首奏鸣曲是"超自然的创造物"(253)。"我"在其中遇到的愉快在于"我在内心深处更统一更广阔,因而是一切障碍、一切隔阂仿佛都已排除掉的那个部位所感受到的"(71)。这种脱离腐朽方式的力量是如此强大,以至于它可以将诸如摆满残羹剩饭的餐桌这样的可被看作污秽之物的东西变美:"依然放着的刀叉那中断了的动作,凌乱的餐巾那鼓起的圆形,阳光又在上面增添了一块黄色的丝绒,半空的酒杯更加显示出其形状上那美妙的下小上阔,在半透明玻璃而又似乎凝聚着目光的杯底,残酒颜色很深却熠熠生辉;移动容器,光照引起液体饮料的嬗变……我喜欢这些东西,正如我喜欢具有诗情画意的某些东西一样。"(621)进入艺术的世界要求学习,就像贝戈特对

"我"做的那样,品味精神和艺术的盛宴需要启蒙。避免陷入习以为常而不能自拔,要求舍弃那些易如反掌就可获得的乐趣。正因为如此,"新颖有一个先决条件,即排除我们所习惯的、并且视作现实化身的陈词滥调。因此,任何新颖的谈话,如同一切具有独创性的绘画音乐一样,最初出现时总是过于雕琢,令人厌烦"(387)。

第二种超越腐朽的方式是"赢得生前身后名"。"永世长存的作品"即使在创造者"本人已化成尘土的时代之中"仍旧会闪耀着它的"荣誉"(601)。相反,姓名"无人知道"就意味着"隐身"❶(125),"黑洞"(127)。从这个角度来说,名望的价值在于使其拥有者能够在世人的铭记中获得永生。除此以外,名望还有另外一种价值:当属于一个有声望的门第时,一个人在出生之前就已经存在了。名望所赐予的存在超越了生命的长度,从而摆脱了"远久时代"的黑暗。"几个姿色倾城又有罕见文化素养的女性,两个世纪以前,她们的祖先就已与君主制度全部的荣光与风雅结为一体。……这些女性中的每一个,与一个漂亮的布尔乔亚❷女子相比,对他来说,犹如那些古画之于当代一幅画着一条路或一次婚礼的油画。对那些古画,知道它们的历史,从定购这些画的教皇或国王开始……"(535)作为孩童的故事讲述者,"我"痴迷于"总裹着中世纪神秘的外衣"(126)的盖尔芒特公爵夫妇。对于那些自我存在建立在其他摆脱腐朽的

---

❶ 此处原文使用 s'enterrer 一词,有将自己埋葬的含义。
❷ 此处原文使用的是 bourgeoise 一词,指出身资产阶级的。"布尔乔亚女子"指的就是出身资产阶级的女子。

方式的人来说，古老则催生了令人惊讶的行为："待到大宗生意管理委员会主席公爵先生娶了赌徒侯爵先生的女儿作为自己的媳妇，资产阶级就更莫名惊诧了。那位侯爵虽是个赌徒，但他的姓氏在法国最为古老。"（492、493）既"杰出"又"古老"才是真正的"杰出"❶——"大领主"（126）、"高贵的夫人"（441）。

与过去和当下的结合相辅相成的是对将二者联系起来的事物的顶礼膜拜。经常出现在作品中的这些事物有"血统""种族""出身"。与"高贵的夫人"（441）对立的是"血统不那么纯正的女性"（535）。在"我"看来，像斯万夫人这样的"高贵的夫人""似乎属于另一个种族、陌生的种族"（440）。而"风流女人"（428）也是如此。从这个角度出发，那些"自然"的、"与生俱来"的东西被赋予了特别的价值。尽管如此，在《追忆似水年华》中，通过出名或者攀附遥远过去的辉煌来抗拒在时间的长河中被遗忘、消亡是尘世的事情，是世俗的。普鲁斯特认为这种精神气质较之教权的精神气质是低劣的。"我"的姨祖母，"她们都是洁身自好的人，而且正因为如此……凡是同审美与操行无直接关系的话题，她们从不搭腔。对于直接或间接涉及世俗生活的一切谈论，她们打心眼里不感兴趣"（17）。不仅如此，她们还否定一切世俗区别的合法性："什么？您居然钦佩这样的描写？好！不过，这能说明什么问题？难道同样是人，这个人就不如那个人吗？人只要聪明、勇敢、善良，公爵也罢，马

---

❶ 法语原文在"大领主""高贵的夫人"中的"大"和"高贵"处均使用的是 grand（e）一词，原意为"伟大，杰出"。

夫也罢，有什么关系？"（21）虽然不像姨祖母那样极端，但"我"对"贵族的装模作样"（547）嗤之以鼻，并将精神的价值观与世俗的价值观对立起来："一个沙龙的才智价值往往与风雅成反比。"（419）"大胆、轻浮和狠心的天性"（562）自然而然地与"风雅，灵活，体态优美的某种混合"（563）产生的引诱相匹配，这些贵族精神气质的元素印证了"我"对这个阶层"尚未加上智育"（563）的判断。精神的价值无疑是更高层次的："与一位大艺术家的和蔼可亲相比，贵族大老爷的和蔼可亲，再动人，也有演戏、做作的味道。"（590）"我"把对精神价值更高地位的承认归因于最优秀的"花花公子"（516）。对这些人而言，那种对表现出"学究气"的恐惧使得他们即使希望成为有思想的人，也要绕开深邃思想之路：在谈到帕斯卡尔的《思想集》时，斯万"故意调侃似的把《思想集》三字说得夸大其词，以免显得学究气……说到这里，他又后悔失言，把正经事说得过于轻佻。他解嘲似的接着说道：咱们的话题太高雅了，我不明白为什么咱们要谈论这样'高深的尖端'"。（21）在一个崇尚精神的时代，上流社会利用它来成就自己的高贵。这种投机对普鲁斯特认为的高等阶层产生了扭曲性的冲击。对此，普鲁斯特予以毫不留情的揭露：一个"天才"为了进入法兰西学院而放下身段"对平庸的作家装出毕恭毕敬的样子"，但"其实法兰西学院或圣日耳曼区与产生贝戈特作品的'永恒精神'毫不相干，正好比与因果规律、上帝的概念毫不相干一样"（391）。

  第三种超越腐朽的方式不再寄希望于对物质世界的超脱，正相反，它着眼于对物质世界的掌控。这种方式就是以物质的方式来抗拒导致腐朽和死亡的东西，消除腐朽和死亡的物质痕迹。具体而言，就是建立一个安全、稳定、健康、洁净、秩序的环境。当"中产阶级的讲求体面""占上风"的奥黛特批评斯万的仿古家装风格时，她"是这么对他说的：'你总不能要求她跟你一样住在破烂的家具和磨光了的地毯中间吧。'"（178）"我"的身上也体现有这种精神气质："我"极其讨厌凌乱，斯万没有注意到的奥戴特"不成体"的字迹，"换上一个不像斯万那样对她已有好感的人，就会觉得那是思路不清、教育欠缺、不够真诚、缺乏意志的表现"（162）。当"我"提及这种精神特质的道德层面的东西——正是这些东西构成了一种有条理生活的基础，而资产阶级这个低等的阶层因此多了一些稳固——时，对秩序世界的倾向就更加明显了。诚实让人高尚起来："谦逊和正直常常赋予我们这位年老的女仆以高贵的面部表情。"（450）对"我"而言，确实存在"高尚品格"（33）："乡绅家常见的那种房间……也有千百种气味令人心醉，那是从品德、智慧和习惯中散发出来的芳香，氤氲中悬凝着一个人内心深处隐而不露、丰富至极的全部精神生活。"（38）

很多情况下，普鲁斯特都对资产阶级的精神气质保持着距离，甚至进行嘲弄。"我"的外祖母将"平庸"和"实用"等同："即使她有必要送人一件实用礼物．譬如一把交椅、一套餐具、一根拐杖，她也要去找'古色古香的'，似乎式样既然过时，实用性也就随之消失，它们的功用也就与其说供我们生活所需，倒不如说在向我们讲解古人的生活。"（31）同样的，"我的外祖母认为太在乎家具结实的程度未免鼠目寸光，木器上明明还留有昔日的一点风采，一丝笑容，一种美的想象，怎能视而不见？"（32）像维尔德兰夫妇这样，不肯接受自身社会地位卑微的资产阶级受到普鲁斯特的取笑：维尔德兰夫人将"与教皇相媲美的尊严"与"维尔德兰家人压倒拉特雷默歇伊耶家人和洛姆亲王家人以及世上所有的'讨厌家伙'的威严"（188）相提并论。当这种生活情结所带来的财富不是被用于装点生命、引人注目，而是被用在实用的目的上——生命的物质需求时，这些财富会反过来滋养这种生活情结。同样的，当钱财上留下了资产阶级庸俗的使用和为了赚取它而做出的委曲求全的混合印记时，"我"认为它是粗俗的。与"私利"并驾齐驱的"斤斤计较""在这商业的时代吃香"，但与"荣誉"格格不入。（178）财富要成为"已脱离富人社会"的阶层专有的"柔软❶财富"，就必须"服从于一种艺术目的，艺术思想，好比是具有可塑性的、别看诗意图案的、会微笑的金币"（442）。而"我"的外祖母"欣赏这个富有的年轻人那股毫不在乎、自由自在的劲，生活在奢华之中却没有'铜钱臭'"（517）。

三、布迪厄对高贵与低贱的区分

如果说普鲁斯特在《追忆似水年华》中采用叙述者的隐喻思维，即通过比较两种不同事物的相似特性，是为了引导着他将许多庞杂而联系松散的事物紧密联系起来，布迪厄则是直接把所要研究的对象——文化消费行为中的趣味、判断力、鉴赏力等——置入一个预定好的隐喻框架之中，即高贵/

---

❶ 此处原文使用 noble 一词，本文认为直译为"高贵"更为贴切。

低贱的对立。

在布迪厄的《区分：判断力的社会批判》[1]中，高雅（高贵）与一般（低贱）的对立处于作品思想的核心位置。作为理论"区分"的对象，这一对立其实总领着出现在我们日常话语中的一系列的对立的集合："由此而来，成对形容词的系统构成了趣味判断的概念装置，然而从每对形容词的用法来看，这些形容词是非常贫乏的，几乎未被确定，但正因为如此，它们适合提供或表达无法确定之感：这些成对形容词中的每一对的每个特殊用途，只有相对于每次都不同、往往不言明的一个话语空间才获得其完整意义——因为这涉及一个在场中被自然而然地接受的明证性和前提的系统，言说者的策略依据场来得到确定；但是通过用途被这样特定化的每对形容词，可以与它——按照准许从一个场转到另一个场的各场之间的同源关系——可能拥有的所有其他用途互相协调，而且也与其他的成对形容词互相协调，这些形容词可以代替它，除了略有差别（比如细腻/粗鲁代替轻松/沉重），也就是说在稍微不同的背景中。"（743）

如果说在这个集合里，也能找到《追忆似水年华》中普鲁斯特作为基本范畴的象征高贵的"纯洁[2]"与象征低贱的"污秽"的对立，布迪厄却没有给予其特别的关注，甚至在著作后翔实的索引中也没有列出。布迪厄优先考虑的是"常见/罕见""统治者/被统治者"的对立："所有陈词滥调之所

---

[1] 本文参照：皮埃尔·布尔迪厄. 区分：判断力的社会批判［M］. 刘晖，译. 北京：商务印书馆，2005. 标注于括号中的引文页码即为此版本中的页码。

[2] 原文中使用 pur 一词，中译本译为"存粹"。

以能够如此轻易地推行，是因为它们有整个社会秩序的支持，作为它们的母体，对立的网络是以统治者'精英'与被统治者'大众'之间的对立为原则的，大众是偶然的和混乱的、可互换的和数不清的、软弱的和无能为力的大多数，只有统计学上的存在，这些对立存在于高（或崇高、高级、纯粹）与低（或平庸、平淡、卑微）之间，精神与物质之间，细腻（或精致、优雅）与粗俗（或粗糙、肥胖、粗野、粗暴、粗鲁）之间，轻（或敏锐、轻快、灵活）与重（或缓慢、笨重、迟钝、艰难、笨拙）之间，自由与被迫之间，宽广与狭隘之间，或在另一种维度上，在独一无二（或稀罕、不同、高雅、唯一、特别、独特、异常）与常见（或普通、平常、流行、下流、一般）之间，在杰出（或聪明）与平庸（或无名、平凡、中等）之间。"（741）然而，在论述多样的"区分"策略时，布迪厄却在探索一种成就"纯洁"的方式，而这种方式很难被简化为一种对每个人所拥有的多种形式的经济、社会和文化资本的策略性使用。

普鲁斯特和布迪厄笔下的人物之间，存在巨大的历史和社会距离。《区分：判断力的社会批判》中找不到出名的艺术家、公爵夫人，甚至是大资产阶级。但我们重新遇到了这些人的继承者，当然，他们在精神高度上逊色一些：具有"良好文化意志"的教师、自称"古老法兰西"的人、小职员。对于布迪厄所称的"高雅"，每个类别的群体都有自己独到的理解。在这些不同的理解中，我们又遇到了普鲁斯特笔下的三种摆脱腐朽的方式：或者让自身融入永恒的事物之中，神灵、灵魂、精神、超验性；或者获取永垂不朽的名望，以实现永生；或者运用物质的手段去消除肮脏、混乱和不确定，掌控一个能够抵御腐朽与死亡的环境。这些理解绝不仅仅是社会游戏策略差异化的产物，更参与构成了社会游戏框架本身。不同社会群体的"习惯"正是社会游戏策略的策划者。如同在《追忆似水年华》中一样，《区分：判断力的社会批判》中的高雅/一般的对立也与将具有腐朽属性和能够摆脱这种属性的事物相分离的东西有紧密的映射："在趣味方面，超过任何方面，一切决定都是否定性的；而且趣味无疑首先是对其他趣味、别人趣味的厌恶，这种厌恶由讨厌或发自内心的无法忍受（'这令人作呕'）构成。"（93）

布迪厄所描绘的知识分子和艺术家继承了旧制度下教士的社会策略。可以看到他们痴迷于"寻求宗教救赎的或多或少世俗化的形式"（582），"对艺术之爱被当成'对上帝的智性之爱'的一种世俗化形式"（352），"艺术博物馆……只提供存粹美学所要求的高度净化的和升华的快乐"。（424）一定程度的禁欲——"教授和知识分子的文化实践"的"苦行色彩"（442）——就属于这种社会策略。它对应着"对低级的、粗俗的、庸俗的、惟利是图的、贪财的、奴性的享乐的否定，总之，对自然的享乐的否定"，"同时包含着对那些懂得从升华了的、文雅的、高雅的、无关利害的、无动机的、自由的愉快中获得满足的人的高尚行为的肯定"。（777）"那些不过是本性的人"与"那些通过他们支配自身的生物本性的能力显示他们支配社会自然的合法抱负的人"（777）形成巨大的反差。同时，普世性的东西凌驾于世界易腐朽的一面，也凌驾于植根于肉体、受限于时空的特殊主义。融入、依附于普世性，就是对腐朽的摆脱。知识分子对"纯粹事实性的事实"较"即时的、短暂的事件"（708）更大的兴趣甚至体现于其对政治的理解。属于"资格最老的资产阶级阶层"（155）的贵族也一直在追求永生："永恒的生活是最珍贵的特权之一"（122）。为此，他们需要摆脱"常见"及其象征的"黑暗"。寻求"拥有从前"（120）、"留给后世"（122），继承和传承，隶属于一个王朝也是类似社会策略的一种。正是从这个角度，才需要拥有家庭财产，以达到一种形式的区分。要知道，新富人永远都不会是高贵的，他们属于一般。对于这两种社会策略，布迪厄也像普鲁斯特那样，将其对立起来。"学者（或学究）"与"社交家"（114），"学校知识"与"熟悉的模糊直觉"（100）成为"知识分子"与"资产阶级"对立的主要体现。教士的世界观与贵族的世界观格格不入，是因为在前者看来，纯洁（粹）需要一定程度的启蒙，而对于后者而言，纯洁（粹）则与出身息息相关："我希望一个人懂得一切而且从他说话的方式上，他并不显示出学过。"（118）

最后，我们在《区分：判断力的社会批判》里找到了第三种摆脱腐朽的方式：用物质的手段创造洁净和秩序的世界。"其实，即便小资产阶级对严格的一切宣扬，对整洁、简朴和仔细的一切称颂，丝毫未受到有意识地与民众的宽容主义保持距离的想法的启发，也包含了与词或物上的肮脏。"（386）"资产阶级以注重按照形式吃饭与民众阶级的'大吃大喝'对立。……这种方式是无法放弃的一种秩序的、举止的和节制的习性的表达。……这也是与动物本性、与原始需要、与无节制地沉溺在原始需要之中的庸俗的整个关系；这是否定本来平常的消费的原始意义和功能的一种方式，将吃饭变成一种社会仪式，一种对伦理举止和美学雅致的确认。……所有这些风格化的方法都倾向于将物质的重点和功能转移到形式和方式上，并由此否定甚或否认消费行为和消费物的粗俗的物质现实，或者，同样地，否认某些人低下的物质主义粗俗，这些人沉溺在食物消费的即刻满足即单纯感知的典型形式之中。"（306、307）然而，站在资产阶级的观点上来看，对外表、举止的考虑不应该走得太远以至于都要接近艺术家的精神特质了。因为，为艺术而艺术，完全按照教士的标准那样纯粹在道德上是不纯粹的。就此，布迪厄引用了蒲鲁东的论述，很能说明问题："在财产影响下，艺术家理性上败坏，道德上颓废，唯利是图且毫无尊严，是自私自利的邪恶形象。正义和诚实的想法掠过他的心灵但没有扎根，而且在所有社会阶级中，艺术家阶级最缺乏坚定的灵魂和高贵的品格。……为艺术而艺术，如同人们这样称呼的……这是心灵的放纵和精神的颓废。"（79、80）

四、结　　论

两部作品，两个领域，两种风格，两种伟大，却都不约而同地运用了同一种手法——隐喻去展示同一种对立：高贵/低贱。无论是从本体和喻体的选择，还是对高贵/低贱对立的阐释来看，《追忆似水年华》和《区分：判断力的社会批判》都有着惊人的相似❶。这表面上看似的巧合，却有着背后的必然。隐喻作为一种思维方式能够帮助我们洞悉难以观

---

❶ 当然，《区分：判断力的社会批判》不可能具备《追忆似水年华》作为文学作品在想象力上的丰富与细腻，就像《追忆似水年华》也不可能拥有《区分：判断力的社会批判》作为社会学理论著作的结构化的严谨一样。

察的文化价值观。不仅如此，依据隐喻的结构化特征（即如本文中所发现的高贵/低贱的对立，但并非所有隐喻都具有一定结构），还能够对其所反映的文化价值观进行结构化处理❶。通过对《追忆似水年华》和《区分：判断力的社会批判》两部巨著的深入研读，我们可以发现，不管是对整个社会的全景再现，还是对某个社会现象的结构化分析，最终都映射并归结于高贵/低贱的对立。三种分别对应教士、贵族和资产阶级社会层级的摆脱低贱（腐朽）的方式，让我们在大革命发生后的一个多世纪仍然可以辨识出旧制度下等级社会的轮廓。由此可见，高贵/低贱的对立在法国社会的文化价值观体系中是占据核心地位的。

高贵/低贱的对立尽管不是法国社会的专利，它在法国社会文化价值观体系中的地位却不是其他社会可以比拟的。❷事实上，正是这种特别的地位铸就了法兰西民族的"奇特"。在《旧制度与大革命》的结尾，托克维尔对法兰西这个民族的"奇特性"发出了这样的感慨："这个民族的主要本性经久不变，以致在两三千年前人们为它勾画的肖像中，就可辨出它现在的模样；同时，它的日常思想和好恶又是那样多

---

❶ 文化价值观结构（如高贵/低贱的对立）的作用是为群体成员的社会行为和体验提供意义的系统。美国人类学家克利福德·格尔茨（Clifford Geertz）在《文化的阐释》（南京：译林出版社，2014）中提出文化意义系统论，反对将文化视为直接导致行为的规则系统。他形象地将文化比喻成一张网，他认为文化意义组成了一个无形的网，人类则是生存其中的动物，而且仍然在不停编织着这个网。对于法国社会而言，高贵/低贱的对立就为很多社会现象和行为提供了意义系统，即赋予社会现象和行为高贵/低贱的意义。如纯粹的普世性理论会被认为是"高贵的"，学习和掌握它的人自然也是"高贵的"。

❷ 比如，在美国或中国社会，理论与实践之间也存在区别，但这种区别不会，至少不会直接映射到高贵/低贱的对立。

变，以致最后变成连自己也料想不到的样子，而且，对它刚做过的事情，它常常像陌生人一样吃惊……"❶ 在这里，"主要本性经久不变"与"日常思想和好恶又是那样多变"共存，"经久不变"的是高贵/低贱的对立在法国社会文化价值观体系中的核心地位，而"那样多变"的正是通过隐喻方式与这个对立联系起来的社会现实。从这个角度来说，《追忆似水年华》和《区分：判断力的社会批判》不仅再现了法国的社会现实——尽管多数文学评论认为，《追忆似水年华》并不是一部现实主义作品❷——而且刻画出了法国社会的特征。

参考文献

[1] 爱德华·萨丕尔. 语言论 [M]. 陆卓元，译. 北京：商务印书馆，1985.

[2] 爱弥尔·涂尔干. 宗教生活的初级形式.[M]. 林宗锦，彭守义，译. 北京：中央民族大学出版社，1999.

[3] 克利福德·格尔茨. 文化的阐释 [M]. 韩莉，译. 南京：译林出版社，2014.

[4] 克洛德·列维-斯特劳斯. 野性的思维 [M]. 李幼蒸，译. 北京：中国人民大学出版社，2006.

[5] 皮埃尔·布尔迪厄. 区分：判断力的社会批判 [M]. 刘晖，译. 北京：商务印书馆，2005.

---

❶ 托克维尔. 旧制度与大革命 [M]. 冯棠，译. 北京：商务印书馆，1992：246.

❷ 曾艳兵. 一张精心编制的时间巨网：论普鲁斯特的《追忆似水年华》[J]. 当代外国文学，1994（4）.

[6] 乔治·莱考夫，马克·约翰逊. 我们赖以生存的隐喻 [M]. 何文忠，译. 杭州：浙江大学出版社，2015.

[7] 托克维尔. 旧制度与大革命 [M]. 冯棠，译. 北京：商务印书馆，1992.

[8] 威廉·冯·洪堡特. 论人类语言结构的差异及其对人类精神发展的影响 [M]. 钱敏汝，译. 北京：商务印书馆，2006.

[9] 曾艳兵. 一张精心编制的时间巨网：论普鲁斯特的《追忆似水年华》[J]. 当代外国文学，1994（4）.

[10] P. Eubanks. A war of words in the discourse of trade: the rhetorical constitution of metaphor [M]. Carbondal: Southern Illinois University Press, 2000.

基于民族文化视角的法国文化政策研究

摘　要：以国家干预为主要特征的法国文化政策一直被认为是与美国自由主义文化政策针锋相对的典型代表。而在解释为什么法国选择国家干预的文化政策时，学术界普遍认为这是法国为了抵御美国文化，保护法国文化的被动无奈的对策。这种说法实际上是在暗示：一个国家的文化政策取决于其文化的经济地位，会因文化经济实力的变化而变化。但事实表明，一个国家的文化政策通常具有相对的稳定性和连贯性。文化不同于一般的商品，一个国家所采取的文化政策从根本上反映着该国的民族文化。因此，只有把一国的文化政策放在其民族文化的大背景下进行考察，才能理解文化政策的深刻意义，从而得出正确的认识。

关键词：法国；文化政策；民族文化；荣誉

一、引　言

学术界普遍认为，当前世界各国的文化政策可以分为两类：以自由主义为特征的美国模式和以国家干预为特征的法国模式。美国的文化政策体现了其自由主义传统，强调文化产品生产、销售的高度市场化和最小化政府干预；而法国则强调文化产品不同于一般商品的"文化"属性，对自由主义的文化政策质疑，其文化政策模式大多强调政府对本国文化产业的理性规划。美国文化产业的强大优势无疑证明了美国模式的成功，而法国作为传统文化大国地位的削弱使得法国模式受到质疑和批评。在这样的背景下，与美国模式截然不同的法国模式被认为是法国政府为了应对美国文化入侵的被动选择，是"文化保护主义"。[1]从经济因素来考察法国的文化政策，这种结论完全是成立的。然而，仅从自由主义经济学家的角度来分析法国的文化政策显然是有失偏颇的，它无法解释法国文化政策的一贯性、稳定性和系统性，无助于科学地了解法国文化政策的全貌。本文试图引入文化阐释学的理论和方法来系统地考察法国的文化政策，从而说明现行的文化政策不是仅仅出于对法国文化的保护，还是法国历史积淀的产物，它正体现了法国的民族文化。

二、法国文化政策概述

在法国，把文化作为一项全国性的事务，由国家最高统治层进行统一管理和规划的历史可以追溯到17世纪法国国王路易十三、路易十四统治时期。[2]伴随着教会对社会生活影响力的衰弱，加上统治者个人的大力推动，法国中央政府不仅将对文艺创作的审查权控制在自己手中，而且成为文艺创作最大的资助者。在这一时期，还成立了全国性的专业艺术机构，承担起文艺人才培养、文艺作品创作的功能，比如音乐学院、美术学院、建筑学院和皇家手工艺工厂（壁毯、

---

[1] 肖云上. 法国为什么要实行文化保护主义 [J]. 法国研究, 2000 (1): 93.

[2] P. Poirrier. L'État et la culture en France au XXe siècle [M]. 2nd. edt. Paris: Le Livre de Poche, 2006: 15-16.

瓷器）等。这些措施使当时欧洲国力最强的法国迅速成为欧洲的文艺中心，奠定了法国文化大国的地位。

法国大革命时期，即使是在混乱动荡的政治局势下，中央政权也没有忽视对文化事业的关注，而且取得了影响深远的成绩。其中，在保护和"破坏"（毁坏艺术品）之间的辩证关系中，诞生了"民族遗产"这一概念；设置了三个重要的国家文化机构：国家档案馆、国家图书馆和中央艺术馆。通过这些公共的文化机构，"民族遗产"被国家化，以达到保护遗产、教育国民和独立、自由培养艺术人才的三重目标。

从拿破仑一世到第二帝国期间，法国政体频繁更替，政局动荡。但在总体上，历届政府都坚持了有利于发展文化艺术的政策，并进一步加强了国家对文化事业的控制。第三共和国期间，法国文化政策经历了一些自由化的冲击，但最终人民阵线很快对自由化的逻辑做了一些修正，强调了国家进行干预的合法性，并且提出使精英文化走向大众化的前景。随后的维希政权继续加强行政建设，扩大国家的影响力。在第四共和国期间，法国主要将精力投入到战后重建，同时维持旧殖民主义秩序的中央政府无暇顾及文化，更谈不上有国家层面的文化政策，法国文化事业陷入低谷。

1959年，法兰西第五共和国正式组建文化事务部，将文化事务集中在专门的中央政府机构中，标志着法国开始有了"完整的文化政策"。❶ 1959年7月，戴高乐总统任命法国著名作家马尔罗为文化事务部长。1959年7月24日的政府令

---

❶ 肖云上. 法国的文化政策 [J]. 国际观察，1999（6）：50.

明确了文化事务部的职责:"使最大多数法国人能够接近人类的尤其是法国的文化杰作,确保他们对我国文化遗产的兴趣,促进文化艺术创作,繁荣艺术园地。"❶

自从法国文化部成立以后,法国的文化政策在总体上保持了连贯性和持续性。即使在倾向于经济自由主义的右派政府上台期间,中央政府也没有明显地减弱对文化事务的干预,法国文化政策总的方针和原则也并没有大的变化。而在密特朗总统执政的 14 年间(1981—1995),法国更是全面强化了国家对文化事务的控制,不仅国家对文化事业的资金投入大幅增加,而且赋予法国文化政策更多的内涵,更加强调文化的公益性:

> 文化部的使命是培养全体法国人发明创造的能力,使他们能够自由地验证自己的才华,并能按自己的意愿接受艺术培训。为了集体的共同利益,保护全国和地方以及不同社会团体的文化财富,为艺术作品和艺术思想的创造,提供支持和帮助,并使这些作品获得广大的欣赏者,在世界文化的自由对话中,促进法国文化艺术的发展。❷

之后的希拉克政府更是把推广法国文化看作重塑法国世界大国地位的重要举措,赋予其更多的政治内涵。在这种情况下,文化要服务于国家的政治,因此,国家对文化事业的控制得到了空前加强,许多文化事务被国家用正式法律来规范。其中"关于法语使用的法案"(简称"杜蓬法"),是学术界关注最多的一个。正是通过这个旨在保护法语的法

---

❶ 肖云上. 法国的文化政策 [J]. 国际观察,1999(6):50.
❷ 1982 年 5 月 10 日政府令。

案，法国文化政策学者认为整个法国文化政策的指导思想和根本目的是保护法国文化，抵御美国文化帝国主义的进攻，也就是说，法国文化政策本质上是一种文化保护主义政策。

那么，事实果真如此吗？法国文化政策仅仅是为了被动地保护法国文化吗？该如何认识法国文化政策？要回答这些问题，不仅要研究法国文化政策的具体内容，更要考察出台这些内容的背景、当事人的想法，并与法国民族文化特征结合起来，站在法国文化的角度对法国文化政策进行阐释。

三、民族文化与文化政策

通过对法国三百多年来国家对文化事业的简要政策回顾，❶ 我们不难注意到法国的文化政策具有很强的连贯性与稳定性。法国社会对文化事业的态度并没有因重大的社会变革而发生根本性的改变。无论是在路易十四统治时期的辉煌巅峰，还是处于纳粹铁蹄下的艰难岁月；无论是作为欧洲霸主的拿破仑大帝国，还是作为失去"殖民光环"的西方二流国家，法国始终将本国的文化事业放在一个较为突出的位置加以重视。由此可见，法国的文化实力和地位——不管是处于文化输出的强势，还是处于文化输入的弱势——并不是决定法国文化政策的主要因素。决定法国文化政策的是以崇尚荣誉为特征的法国民族文化。只有把法国文化政策放在法国民族文化的背景中去考察，我们才能真正理解这些政策的意

---

❶ 对法国文化政策的全面了解，可参考 P. Poirrier. Bibliographie de l'histoire des politiques culturelles: France, XIXe-XXe siècles [M]. Paris: Ministère de la culture, 1999.

义，才能理解"文化例外"的原则，而不是把它仅仅看作逃避竞争的托词。下面将按照时间顺序，对法国文化政策形成过程中关键人物的思想进行考察。

在被伏尔泰称为"最接近尽善尽美之境的时代"❶的路易十四统治时期，法国文化事业的繁荣达到了一个前所未有的高峰。这得益于国家对文学、艺术、建筑、戏剧、科学等所有文化门类的全方位扶持。在路易十三创建法兰西学院（1634年）之后，路易十四相继创立了皇家舞蹈学院（1661年）、皇家挂毯制作坊（1662年）、皇家铭文经石学院（1663年）、皇家绘画和雕塑学院（1664年）、皇家科学院（1666年）、巴黎天文台（1667—1672）、皇家音乐学院（1669年）、皇家建筑学院（1671年）、巴黎喜剧院（1680年）等由国家资助和管理的文化机构，基本构筑起法国文化事业的组织格局。他还通过政治和财政措施吸引了大批法国以外的文化精英，促进了整个欧洲文化的大发展，使法国成为欧洲的文化中心。

路易十四之所以热心文化事业，除了他本人对一些文艺形式的兴趣爱好之外，❷"在很大程度上是为了向欧洲炫耀"。❸这样的判断并不是没有根据的。路易十四在谈到创立皇家舞蹈学院时有过这样的论述："几个世纪以来跳舞一直是法国人喜爱的娱乐方式。我所有的臣民都喜欢看到我也喜

---

❶ 伏尔泰. 路易十四时代［M］. 王晓东，译. 北京：商务印书馆，2007：1.

❷ 路易十四非常喜爱话剧，常常亲自登台演出，自娱自乐。

❸ 弗朗索瓦·布吕士. 太阳王和他的时代［M］. 麻艳萍，译. 济南：山东画报出版社，2005：82.

欢他们喜爱的或者非常擅长的东西。这样能够赢得他们的心，在很多时候这要比给他们奖赏和福利还要管用。不要忘了，正是借助舞蹈艺术，法国的荣耀照亮了欧洲的每个角落。"❶

事实上，利用文学艺术为政治服务是路易十四统治伊始就既定的文化政策。1662年，财政大臣科尔贝尔——路易十四时期文化政策的实际执行者和推动者——命人写出了一份关于利用文学艺术"为确保国王的事业永放光芒"的报告，成为指导文化事业的纲领性文件。成就法兰西王国及国王个人的荣耀成为文学艺术的主要的，或者说是唯一的目标。被誉为"太阳王"的路易十四对荣誉更是有着不同寻常的渴望，他希望借助一切可能的方式和手段来显示荣耀。在通过战争为法国赢得光荣的同时，路易十四也十分重视文艺的作用。在谈及凡尔赛宫这一欧洲最辉煌的宫廷建筑时，路易十四说道："凡尔赛宫！那些七嘴八舌的人说我是拿着手杖来当建筑师，但是他们承认凡尔赛是我个人的作品，我跟和我相处了一生的艺术家来创作的作品。在我们共同创作的过程中，他们逐渐了解了我远大的志向。这些人可以享有我名副其实的尊重，因为我把我最宝贵的东西托付于他们，这就是我的荣耀。"❷

就连组织公关娱乐活动也是为了向欧洲其他帝国显示法兰西国王与民同乐的政治优势："一个法国国王或王储应该

---

❶ P. Beaussant. Louis XIV artiste [M]. Paris: Payot, 1999: 142.

❷ J. Longnon. Mémoires de Louis XIV. Le métier de roi [M]. Paris: Le grand livre du mois, 2001: 121.

在这样的公共娱乐活动中看到更多，这种娱乐活动不仅仅是我们的，也不仅仅是宫廷的，而是所有人的，有一些国家的国王只是依靠恐怖和使人害怕的手段来凸显自己的威严……尽管这可能符合许多民众卑躬屈膝的习惯，但是，这不是我们法国人的天性，更不是我们的历史告诉我们应该做的。如果这个国家（法国）有什么特征的话，那就是臣民可以自由方便地接近他们的国王。"❶

得益于路易十四文化政策慷慨扶持的文艺家们也都以能为国家和国王的光荣增色而感到光荣。拉辛在一次演讲中就说过："我们认为，语言的每一个词，每一个音节，都必须仔细推敲，因为我们把这些词，这些音节看作为伟大保护人的光荣服务的工具。"❷ 在当时，整个法国社会都深受路易十四追求光荣的影响，荣誉——国家的荣誉、国王的荣誉和个人的荣誉——成为社会生活的核心内容。对此，孟德斯鸠曾有这样的论述："在君主的、政治宽和的国家里，权力受它的动力的限制；我的意思是说，受荣誉的限制；荣誉象一个皇帝，统治着君主，又统治着人民，人们绝对不去向君主援引宗教的法规；朝臣知道，这样做的话，自己就可笑了。……在那里，人们使我们看到的品德，往往是关于我们对自己所应负的义务，而关于我们对他人所负的义务方面则较少。这些品德，与其说是召唤我们去接近我们的同胞，毋宁说是使我们在同胞中超群出众。在那里，判断人的行为的

---

❶ J. Longnon. Mémoires de Louis XIV. Le métier de roi [M]. Paris: Le grand livre du mois, 2001: 94.
❷ 吕一民. 法国通史 [M]. 上海：上海社会科学院出版社，2002: 77.

标准不是好坏，而是美丑；不是公道与否，而是伟大与否；不是合理与否，而是非凡与否。……在那里，无处不为荣誉所浸渍，它渗入到人们各式各样的想法和感觉中，甚至于指导人们的原则。"❶

当然，路易十四对国家光荣的渴求是有着深刻的历史背景的。伏尔泰对路易十四之前法国的社会生活状况有这样一番概述："在这个时代之前，意大利把所有位于阿尔卑斯山背后的民族统称为野蛮人。必须承认，法国人在某种程度上受这一辱骂，倒也该当。他们的祖先把摩尔人具有浪漫色彩的殷勤风流和哥特人的粗野土俗合为一体。他们似乎没有任何令人喜欢的技艺可言。这证明有用的技艺受到他们忽视，因为当生活必需品已趋完善的时候，人们很快就会找到美好和令人喜爱的事物。无怪乎，在一个虽然濒大西洋和地中海都有港口，但却无船队；虽然酷爱豪华奢侈，但却只有极少简陋的制作工场的国家里，绘画、雕刻、诗歌、雄辩术、哲学等几乎都闻所未闻。犹太人、热那亚人、威尼斯人、葡萄牙人、佛兰德尔人、荷兰人和英国人都先后与对贸易原则毫无所知的法国进行过贸易。路易十三登位时，法国连一艘大船也没有。巴黎居民不到四十万。城内宏伟壮丽的建筑不到四座。王国的其他城市与现在卢瓦尔河彼岸的市镇相似。整个贵族阶级与世隔绝，蛰居于乡下有护城河围绕的城堡中，残酷压榨种地人。通衢大道几乎无法通行。城市没有警政。

---

❶ 孟德斯鸠. 论法的精神 [M]. 张雁深, 译. 北京：商务印书馆, 1961：28-30.

国库空空如也。政府在国外几乎毫无信誉可言。"❶

法国被描述成为一个破败不堪、愚昧无知、寒酸低贱的没落形象,毫无任何尊严与荣誉可言。但是,法国人并不甘心,希望重新赢得往日的辉煌。伏尔泰的论述就明确地表达了这种愿望:"然而,甚至从法国人在十六世纪初获得的那点微不足道的成就中也可看出,当他们得到正确领导时会有何等作为。"❷

然而,追求荣誉这一看似极具时代特征的事物在路易十四的大力推动下,被融入启蒙思想之中,逐渐成为法国民族文化的核心范畴,即使经历了法国大革命的洗礼也没有被削弱。托克维尔在《旧制度与大革命》中这样论述道:"我始终认为,在这项独特的事业中,他们的成就远较外人所想象的和他们自己最初所想象的要小。我深信,他们在不知不觉中从旧制度继承了大部分感情、习惯、思想,他们甚至是依靠这一切领导了这场摧毁旧制度的大革命,他们利用了旧制度的瓦砾来建造新社会的大厦。"❸ "如果认为旧制度是个奴役与依附的时代,这是十分错误的。那时有着比我们今天多得多的自由……这种自由,尽管范围狭小、形式改变,仍富有生命力。在中央集权制日益使一切性格都变得一致、柔顺、暗淡的时代,正是自由在大批个人心中保留着他们天生

---

❶ 伏尔泰. 路易十四时代 [M]. 王晓东, 译. 北京: 商务印书馆, 2007: 1.

❷ 伏尔泰. 路易十四时代 [M]. 王晓东, 译. 北京: 商务印书馆, 2007: 3.

❸ 托克维尔. 旧制度与大革命 [M]. 冯棠, 译. 北京: 商务印书馆, 1992: 76.

的特质、鲜明的色彩，在他们心中培育自豪感，使热爱荣誉经常压倒一切爱好。"❶

迪尔巴尔纳在阐释法国文化对荣誉的追求时论述道："法国大革命不但没有扫除贵族阶级特有的'高尚''高贵'的信念，反而使得这一信念在共和国制度下更加蓬勃。"❷"对'高尚'概念的理解不应局限于它曾经专属于某个社会阶层，而是因为我们希望得到最高程度的尊重。"❸追求荣誉也顺理成章地成为法国文化政策的指导思想。之后的各个时期的文化政策无一不体现了这一原则。被认为形成法国完整文化政策端倪的戴高乐时代，刚刚从战争废墟中恢复一些元气的法国面对着"冷战"格局的世界，对国家荣誉的要求更为迫切。在法国文化政策形成过程中，20世纪60年代是一个非常关键的时期。在文化事务部筹备期间，通过复兴法兰西文化来重振法国大国地位的思想就已非常明确。当时任国务秘书的佩雷菲特（Peyrefitte）就向受命组建文化事务部的马尔罗传达了戴高乐的这一主张："安德烈❹，将军计划让你完成非常伟大的事情。……在第三和第四共和国只有一个捉襟见肘的次长或国务秘书来管理美术，缺少经费，没有什么作为。我们必须要大大地超越，要使之成为国家最高事务。由你负责实施具体的项目，尤其是那些旨在传播法国文

---

❶ 托克维尔. 旧制度与大革命［M］. 冯棠，译. 北京：商务印书馆，1992：82.
❷ P. D'Iribarne. L'Etrangeté française［M］. Paris：Seuil，1996：86.
❸ P. D'Iribarne. L'Etrangeté française［M］. Paris：Seuil，1996：56.
❹ 马尔罗全名为安德烈·马尔罗。

化,并使其光芒四射的项目。"❶

对如何实现戴高乐将军赋予文化事业这一使命,马尔罗有自己的主张。马尔罗的文化政策符合福利国家的逻辑,即"使大众平等地进入、参与并融入文化福利的环境中去"。为了实现这一目标,文化部实施了两项政策:使全体公民进入文化事业,加强对艺术家的社会福利保护。这一思想被称为"文化民主化",而文化民主化进程在马尔罗看来只有国家通过领导、促进和规范才能实现。这完全体现了戴高乐共和国式的现代化逻辑。1968年,马尔罗的办公室主任安东尼·伯纳德(Antony Bernard)在一份内参中记述道:"无论是在保障创作的自由方面,还是在捍卫我们新的文化政策的基石——(民众)选择(作品)的自由方面,国家仍然是最好的人选。……新的文化政策不可能诞生于思想还十分混乱的民众中。这是为什么要保持国家的决定性控制。"❷

如果说利用文化张显法国作为大国的荣耀是法国文化政策的指导方针,那么国家干预则是这项方针最有力、最直接的手段保障。马尔罗之后的历届政府——无论是左派还是右派,尽管在上台伊始出于政治目的都会宣称对以往文化政策进行"重新思考"或"重新定位",但最终都归结为确认文化行动为大众服务的法国模式的合法性,强化国家对文化事业的干预和主导地位。

在荣誉逻辑的思想指导下,法国针对客观上存在的美国

---

❶ P. Poirrier. Histoire des politiques culturelles de la France contemporaine [M]. 2nd edt. Dijon: Bibliest-Université de Bourgogne, 1998: 71.

❷ P. Poirrier. Histoire des politiques culturelles de la France contemporaine [M]. 2nd edt. Dijon: Bibliest-Université de Bourgogne, 1998: 110.

文化大量涌入，特别是美国坚持把文化产品和文化服务纳入自由贸易范围的要求，采取了一些必要的应对措施。1993年秋，在关贸总协定乌拉圭回合谈判进入最后阶段时，在大多数公众舆论和政党广泛认同的基础上，展开了关于"文化特殊性"的讨论。讨论的结果是法国各个政治派别在文化特殊性问题上达到了空前的一致。这个概念得到了民众广泛的认同。当时进行的一项民意调查显示❶，80%的法国人肯定国家对文化事业的干预和资助，只有13%的人认为"文化与其他的行业没有区别，无须国家的介入"。人们普遍认为，文化财富和文化服务，不能按一般的商品那样对待。法国又成功地说服欧盟的其他国家接受"文化例外"原则，统一立场，成功地阻止了美国的企图。1999年，在世界贸易组织谈判中，法国又打出"文化多样性"的大旗，联合欧盟其他成员国，继续抵制美国关于文化产品和服务的自由贸易要求。

这两个概念和围绕这两个概念的一系列行动被学术界普遍认为是法国实行文化保护主义的体现。然而，当我们把这些意识形态和具体政策的举措放在法国文化政策一贯的指导思想下来考察时，就会发现它们远非简单的经济博弈中的权宜之计，而是对荣誉逻辑带有时代特征的诠释。首先，能够在美国主导的世界政治、经济、文化格局中发出强有力的不同，甚至反对声音，本身就具有很强的象征意义。在法国人看来，以理性真理的名义"大声疾呼"出自己的主张正是荣誉的集中体现：自己越是少数派，这种"真理斗士"的荣誉感就越强。如果说在20世纪60年代退出北约，与美国的欧

---

❶ 该调查由SOFRES受La Croix报委托实施。

洲政策决裂是法国在政治上寻求国家荣誉的话，那么敢于公开抵制美国的文化政策则可视为法国通过捍卫自己文化政策的自主性来显示其作为文化大国的荣誉。其次，"文化例外"和"文化多样性"两个带有浓重意识形态色彩概念的提出以及对其进行的诠释为法国再次赢得了"思想独立、善于创新"的美誉。最后，法国的文化政策获得了世界上绝大多数国家的认可和支持❶，使法国借助文化加强其国际地位的目的在事实上得以实现。

四、结　语

文化产品不是普通商品，它既有普通商品的属性，但更多地体现了精神层面和价值观层面的内涵。因此，一个国家的文化政策也就不同于其主要出于经济实力对比和利益博弈考虑的贸易政策，它更多地反映了该国民族文化的特征。只有把一国的文化政策放在其民族文化的大背景下进行考察，解析文化与制度之间的深层互动，才能理解文化政策的深刻意义，从而得出正确的认识。

参考文献

[1] 伏尔泰. 路易十四时代 [M]. 王晓东, 译. 北京：商务印书馆, 2007.

[2] 弗朗索瓦·布吕士. 太阳王和他的时代 [M]. 麻艳萍,

---

❶ 2005年，在法国的努力推动下，联合国教科文组织第三十三届大会正式通过《保护和促进文化表现形式多样性公约》。只有美国和以色列两国投反对票。

译．济南：山东画报出版社，2005．

［3］何向．浅谈法国民族主义与其文化政策［J］．湖南省社会主义学院学报，2006（3）．

［4］孟德斯鸠．论法的精神［M］．张雁深，译．北京：商务印书馆，1961．

［5］李河．发达国家当代文化政策一瞥［M］//2004年中国文化产业蓝皮书．北京：社会科学文献出版社，2005．

［6］吕一民．法国通史［M］．上海：上海社会科学院出版社，2002．

［7］托克维尔．旧制度与大革命［M］．冯棠，译．北京：商务印书馆，1992．

［8］肖云上．法国的文化政策［J］．国际观察，1999（6）．

［9］肖云上．法国为什么要实行文化保护主义［J］．法国研究，2000（1）．

［10］J. Longnon. Mémoires de Louis XIV. Le métier de roi［M］. Paris：Le grand livre du mois，2001.

［11］M. de Saint-Pulgent. Le Gouvernement de la culture［M］. Paris：Gallimard，1999.

［12］P. Beaussant. Louis XIV artiste［M］. Paris：Payot，1999.

［13］P. D'Iribarne. L'étrangetéfrançaise［M］. Paris：Seuil，1996.

［14］P. Poirrier. Histoire des politiques culturelles de la France contemporaine［M］. 2nd edt. Dijon：Bibliest-Université de Bourgogne，1998.

［15］P. Poirrier. Bibliographie de l'histoire des politiques culturelles: France, XIXe - XXe siècles [M]. Paris: Ministère de la culture, 1999.

[16] P. Poirrier. L'État et la Culture en France au XXe siècle [M]. 2nd edt. Paris: le Livre de Poche, 2006.

[17] V. Dubois. La politique culturelle: genèse d'une catégorie d'intervention publique [M]. Paris: Belin, 1999.

(原文发表于《法国研究》2010 年第 2 期，有修改)

论法国的行会主义精神

摘　要：法国有着悠久的行会主义的文化传统，每个行业有着各自的行为规范，捍卫自身的职业特权并履行自身的职责，形成一种行业自治，建立了行业地位和职业荣誉感。在目前自由市场经济的模式下，法国依然恪守传统的行会主义文化模式，通过具有行业特征的社会保障制度的建立维护职业利益和行业团结，使现代的职业文化继续保持行会主义的特色，使捍卫职业地位和履行义务的职业文化得到传承和发扬，形成了法国社会特有的行会主义精神。

关键词：行会主义；职业文化；社会保障制度

一、法国行会主义的概念

"行会主义"一词来源于行会。行会是一种行业互助组织，会员遵守一种共同的行业规范，并履行一定的行业职责，在行业内部形成生产者的团结，在国家内部形成同行企业间的团结。行会通常会限制学徒的数量以抑制不正当竞争。法国行会的职业道德由路易十四时期给予的职业特权培育而来，比如海员、矿工等职业。行会成员包括师傅、学徒、帮工，学徒通过一定的技能考试可以升为帮工，帮工通过一定的技能考试可以升为师傅。师傅和学徒，师傅和帮工之间有对对方的权利和义务，学徒必须听从师傅的教诲，认真向师傅学习技能。师傅也必须毫无保留地把职业技能教给学徒和帮工，并且为他们提供食宿和一定的补贴以供生活，监督产品质量，为整个行业发展把关。行会的设置还带有一定的宗教特色，设有宣誓职业，行会陪审员在维护行业利益方面行使它的道德职责和法律职责，行会管事会负责明确各个行会成员的职责，包括学徒、师傅的选拔和职业地位的维护方面。不同的行业通过不断地规范自身的行业加入行会组织中，同时也是为自己在等级社会中谋得一席之地。行会的作用在于它为每一个劳动者提供了一种特殊保护，使他们不是一个出卖劳动力的商品，而是一个有尊严的、在师傅的指导下传承职业传统的职业人。行业的繁荣比经济收入更加重要，这就使得行会成员不会因为任何经济利益而做有违行规的事情。

行会在建立之初承担着经济职能、社会职能和政治职能。经济职能是行会的主要职能，主要体现在提高产品质量，降低生产成本，监督、管理工商业活动。商品的交易和买卖具有一定的垄断性，限制自由竞争，不允许行会成员以外的人从事这一行业。1182年，法国屠夫行会被授予特许状，垄断买卖鲜活或死的牲畜。[1] 除此之外，行会对产品的质量、数量都有一定的限制，对质量低劣的产品当场销毁或处以罚金。行会对手工作坊的学徒和帮工数量也有限制，并且对商品价格和工资报酬进行严格的管理。这样从某种程度上保证了行业生产的质量和劳动者的利益，确保了行业发展

---

[1] G. Fagniez. Documents relatifs à l'hisoire de l'industrie et du commerce en France [J]. Journal of Political Economy, 1898, 1.

的秩序。行会的社会职能体现在行会成员之间的互助和救济，确定工作条件，营造一种新的社团精神，在这个社团里，所有的社会阶层被团聚在一起。由雇主和雇员共同注资的互助基金会使劳动者能够在遭遇不幸时得到行业力量的支持，也是行会加强行业归属感的原因。

行会主义在行会建立之初的主要目标是维护社会秩序和国家繁荣，国家利益是首要利益，个人利益和群体利益通常被放在第二位。不可否认的是，19世纪末20世纪初，进入工业革命时代后，行业利益就成为首要利益，维护行业利益和传承职业精神仍是主要的职业文化。整个社会由各个分散的职业利益群体构成，履行行业职责和捍卫行业特权是这些群体最主要的行为特征，这使他们得以区别于其他行业，占据自己的特殊地位，并为自己的职业地位感到骄傲。

在旧制度时期，法国的行会有公福尔（confrérie）、于行德（jurande）、吉尔德（gilde）、安斯（hanse）几种形式。公福尔是一种宗教、慈善组织，于行德、吉尔德、安斯是一种职业互助组织。在行会组织内部，也区分不同的行会成员，自由职业成员没有严格的从业规则，只需要在法律范围内履行自己的行业职责；宣誓职业成员必须有皇家颁发的从业执照，行业学习、行业规范、晋升师傅的条件都有严格的规定；教规职业成员虽有一定的从业规范的限制，但比宣誓职业成员的自由度更大，从事职业的门槛较低。在14世纪前，只有教规职业成员，之后才逐渐有了宣誓职业成员。

行会用公共纪律来约束行会成员，师傅掌控整个行会的发展方向并选举宣誓职业成员，整个行会的争议、争端都由宣誓职业成员来裁决，它是一种职业道德的奉行者。行会拥有一定的特权，同时必须履行相应的义务。行会主义根据职业和社会地位分配权力，将社会分成不同的等级，尽管有着互相的猜疑，但还是加强了行业团结。

二、法国行会主义的盛和衰

行会兴起于 11 世纪，高卢-罗马的行业协会和日耳曼的吉尔德组织是其最初的形态。这两个组织同时带有宗教和慈善的色彩，为了保护其成员应对各种灾害，这个时期的社团组织职业性质不是十分明显，直到 11 世纪在卢瓦尔河-罗纳河地区产生的行会才开始有了职业色彩的萌芽。这个时期的行会成员主要是为伯爵、神职人员、国王服务的手工业者。吉尔德组织最初将大商人和小零售商组织起来建立一种团结和互助，主要集中在面包商、毡合工、成衣商。

从 13 世纪开始，随着经济、政治的稳定，行会开始增多，无论在发达城市还是相对落后的地区，并且严格按照行业制订的规范行事。在法国，许多行业通过行会的建立得以形成，比如，皮货商、成衣商、旧货商人、建筑工人、工商业者、面包店老板、肉店老板。由于经济原因，为了控制生产，统治者对行会给予支持并且增加行会成员，统治者和行会师傅之间达成协议。[1] 亨利二世在 1581 年立法令中推广行会，亨利四世 1597 年也同样鼓励行会的发展。黎色留和科尔伯特也竭力发展行会。一直到 18 世纪，宫廷给予行会重要支持，行会发展达到了巅峰。比如，普瓦捷在 14 世纪有

---

[1] R. Castel. Les métamorphoses de la question sociale [M]. Paris: Fayard, 1995: 228.

18个行业组织，到了15世纪发展到25个，16世纪发展到42个。在巴黎，1672年，行会组织是60个，1691年发展到129个。❶

行会在17世纪和18世纪初期达到了顶峰。路易十三统治时期的内战大大削弱了经济繁荣，物价上涨缓慢，迫切需要更加严谨地规范行业秩序。路易十四统治的黄金时代通过中央集权的方式使行业发展达到了顶峰。国王在这一时期给予行业更多的特权，使行业为国家服务。1560—1570年，商业保护主义盛行，手工业者通过规范行业秩序反对资本主义发展，特别是反对自由竞争出现的行业混乱。行会中的自由职业成员开始转向行会陪审员，传统的行会组织又重新恢复了活力。1597年，国王为了规范行业秩序，在巴黎、普罗旺斯、奥佛涅增加行会的数量。1661—1683年，让-巴普蒂斯特·柯尔贝尔大力发展行会，使它服务于国家。他推行的主要政策就是出口法国的产品，建立贸易顺差，使法国产品名扬内外。他提出将所有的职业都组织成行会，1691年，在巴黎，行会的数量增加到129个，在香槟地区、勃艮第地区、皮卡第地区、普瓦图-夏朗德地区、朗格多克地区也出现了行会数量增长的趋势。让-巴普蒂斯特·柯尔贝尔为各个行业制订从业规则，包括学徒的接收条件、对手工业制品的要求、雇用条件和解雇条件。为了重振老工业，政府重新整顿纺织行业，在很多地区建立了行会。通过这一时期行会的发展，法国劳动者逐渐形成一种行业归属感和公共精神。

---

❶ R. Castel. Les métamorphoses de la question sociale [M]. Paris: Fayard, 1995: 159.

在让-巴普蒂斯特·柯尔贝尔统治之后，行会精神得到了传承。1719年，箍桶匠重新更新并规范他们的行业规则，很多自由劳动者联合起来加入行会获得特权。从17世纪中叶开始，很多职业，比如丝绸生产商、印刷工人、造纸者都以从事一种艺术，而不是以一种职业为荣。

尽管行会在13—18世纪得到了繁荣发展，但从14世纪开始便遭遇了危机。准入条件的严格和控制使加入行会变得越来越困难，内部晋升和外部招募受到了控制。从此，成为行会师傅的概率越来越小，并且只保留给行会师傅的儿子。从16世纪开始，持久性的大罢工开始出现，1539—1542年，里昂的打印工人和巴黎的打印工人举行罢工。这场行会的内部危机还伴随着商业资本主义的发展和行会的自然衰落。从16世纪开始，行会便失去了它的统治地位。17—18世纪，人口增长，城市发展迅速，工业劳动力增加，受其他欧洲国家的影响，特别是资本主义发展的影响，让-巴普蒂斯特·柯尔贝尔倾向于更加自由的经济模式，在技术革命的影响下，工作方式逐渐改变。在欧洲范围内，经济变革对行会组织提出了质疑，英国和荷兰都对行会提出了批判，认为它是阻碍机械化发展的桎梏。这一时期，启蒙运动思潮的崛起掀起了一场知识运动和道德运动，人们开始主张生产领域的自由、政治领域和思想领域的自由。

1791年，工作自由、商业自由、工业自由的法案得到推行，沙普利法提出司法上的个人主义："职业群体，企业主，工人或学徒，不能选举总统，秘书，工会，为公共利益制定法律法规。"（article 1）这是对行会的一种削弱，否定了行业利益。（article 2）同时，政府希望通过打压行会来加强国家的权威，使行业参与到竞争中去。

在维希政权的统治之下，行会得以复苏。为了笼络人心，贝当对内打出了"保卫劳动、家庭、祖国"的口号，以保护劳动者的利益作为加强统治的手段，这使行会重新得到了发展。贝当反对自由主义，反对自私和盲目的资本主义。贝当于1942年5月1日提出振兴手工业的举措："手工业是法国具有活力的一项事业，我们应当更好地保护它，发展它，完善它。"❶ 贝当在这一时期提出保留并支持中小企业和手工业制造，建议在雇主和雇员之间建立合作机制，打破他们之间的阶级对立，建立在职业团结意义上的合作，把保护劳动者的利益放在首位。贝当通过救助处在困难时期的同行业人员、限制生产规模、对不遵守行会规定的人处以罚金、享受税收豁免权等政策反对自由主义经济模式，复兴行会主义的模式。

尽管行会的发展受到了限制，但在旧制度之前它还是得到了更深一步的发展。❷ 大革命虽然废除了行会的发展，但这个传统仍然在当今的社会结构中得以保留。在法国工业化的历史里，行会主义始终成为一种现代化管理的工作方式。这显示了法国社会对行会传统的依恋。14世纪和16世纪，商业资本主义蓬勃发展，利益和收益成为此种经济模式的主要特点。社会分工使得行业变得难以独立，劳动力市场变得越来越自由，生产方式随着交易方式的自由而变得自由。然

---

❶ Y. Tinard. L'exception française [M]. Paris: Maxima, 2001: 240.

❷ E. Coornaert. Les corporations en France avant 1789 [M]. Paris: Gallimard, 1941: 161.

而，法国的劳动者并未完全被这种生产方式改变，他们倾向于保留他们的特权和传统的生产方式。政府对这种生产方式给予支持，特别是传统制造业品牌，如圣戈班、雅宝信。❶传统的生产和工作方式和资本主义精神不匹配，在新工业革命的浪潮下，法国人坚定地不接受这种新的工作方式，始终是行会模式占据主导，并排斥自由和竞争。

在沙普利法期间，行会的影响也没有完全消失，互助会和工会先后填补了行会的空白，承担起捍卫职业利益和加强职业团结的责任。这些职业社团以秘密的形式维护着职业化。如亨利·哈茨菲尔德所说，"在行会被禁止的一段时间里，工人们在很多时候都试图重新集合起来，这出于多方面的原因：控制产品价格，期待一个变革的行业组织，对互助和团结的渴望"。❷ 1799—1816年，波旁王朝复辟时期，七月王朝统治时期，第二共和国统治初期，很多的互助组织建立起来，承担了救助和反抗运动的双重职责。互助会的数量从1800年的60个增加到1815年的114个，先是在巴黎，后逐步在格勒诺贝尔、里昂、马赛等地建立。

三、法国行会主义在现代社会中的地位和形式

1791年，大革命彻底废除了行会，这意味着将整个社会划分成不同职业群体的格局也被打碎。然而，不可否认的是，1791年前的行会主义精神还在当今社会继续占有一席之

---

❶ R. Castel. Les métamorphoses de la question sociale [M]. Paris: Fayard, 1995: 126.

❷ H. Hatzfeld. du paupérisme à la sécurité sociale 1850-1940 [M]. Nancy: Presses universitaires de Nancy, 2004: 58.

地，法国社会仍然由不同的行业群体组成，每个群体捍卫自身的职业特权并履行自身的职责，形成一种行业自治，建立了行业地位和职业荣誉感。❶ 行会主义精神的延续在现代社会中通过工会组织和社会保障制度得以延续。

法国现代的社会保障制度是行会主义精神在现代社会的延续和最好体现。120种制度和1.2万个附加制度将整个社会分成了拥有特权的不同的职业群体。每个职业，不管是从社会标准来看相对优越的职业或是相对卑贱的职业，都对自身职业群体所属的责任和特权保持警惕，社会保障制度的建立就如同参加行会一样，实现了在等级社会中使个人归属于某个职业群体，使群体的职业地位和职业尊严在等级社会中占有一席之地。

从行会萌芽阶段到社保制度正式建立的过程中可以看出，行会并未因沙普利法的颁布而逐渐退出历史舞台，而是始终活跃在各项正式制度的安排中，体现了传统的现代化。

(一) 第一阶段：社保制度的行业化萌芽阶段

其实行业利益从17世纪起就受到国家的重视，开始在一些行业建立起特殊制度。从1673年开始，路易十四给予海上官员以及伤病和残疾的海员以特殊补贴，1709年，特殊福利扩展到商船海员及渔民。1790年，针对国家公务员的退休制度建立，覆盖国家、大区、省、市的工作人员及医疗系统的职工，制度规定工作满30年后可以50岁退休。1806年、

---

❶ R. Castel. les métamorphoses de la question sociale [M]. Paris: Fayard, 1995: 117.

1812年、1824年特殊制度的退休制度分别在法兰西银行、法国戏剧院、国家印刷厂建立。1850年雇主为铁路职工建立了医疗服务制度。特殊制度的初步建立是出于国家和企业主对一些行业的危险性和特殊性的考量。除此之外，工人运动对提高原有福利水平和立法起到了一定的作用。❶

（二）第二阶段：1848—1940年行业互助基金会和社会保险模式

法国最早的行业互助始于中世纪的行会，同一行业的成员在危难时实施互济，是一种有限的、非正式的互助。1791年行会被废除后，互助会以新形式行会的身份出现在七月王朝统治时期，是一种非营利组织，会员们交纳一定的分摊金，等到风险来临时享受应有的补贴。1848年二月革命壮大了工人阶级的力量，互助会因此得到了蓬勃的发展。然而1851年，政府出于加强国家统治和权威的考虑，解散了互助会，直到1852年在路易-拿破仑的统治下得到承认。1853年建立了铁路职工互助基金会，1855年建立了铁路职工退休制度，1894年法案在国家支持下建立了矿工社会互助制度和矿工退休制度。1909年，铁路职工通过工人运动建立了全国范围的退休制度。第二帝国时期互助会发展迅速，得到了来自政府的财政支持，1898年国家还鼓励成立生育和教育互助会。1940年，在维希政府行会主义政策的影响下，不同行业的工会组织纷纷建立，行业团结得到了充分的发展。以行业

---

❶ T. Taurant. Les régimes spéciaux de sécurité sociale [M]. Paris: Presse universitaire de France, 2000: 11.

为单位的互助传统奠定了法国社会保障制度的格局和框架。

1910年,工人农民的退休保险制度(ROP),由雇主、雇员、国家共同合作,这项制度虽然最后没有被广泛运用,却是以合作主义模式建立的第一项制度。1928—1930年建立了由雇主、职员共同承担的社会保险模式,这为1945年皮埃尔·拉罗克建立的社会保险模式提供了理论基础,并且表明合作主义在法国经济社会组织中的重要地位。

(三) 第三阶段:1945—1967年社保制度正式建立和完善阶段

1945年8月由政府提出的建立社保制度的报告中,法国计划借鉴英国的社保模式,实现以普享、统一、均一为原则的全民保障。然而,社会保障法的撰写者也是社会保险的负责人皮埃尔·拉罗克在社保制度建立阶段表现出与全民福利悖反、与行会主义趋同的改革理念。

第一,通过职业团结来实现全民福利。受英国贝弗里奇模式的影响,法国还是转而选择了以职业权决定保障权的路径,皮埃尔·拉罗克认为,职业权和公民权是没有区别的,因为所有公民都是工作者或即将成为工作者。[1] 所以,以职业团结的形式来实现全民团结才是最为合适的。社保制定者认为职业社会是法国社会的重要属性,其重要性要远远大于公民社会。

第二,皮埃尔·拉罗克在肯定职业权的基础上,希望最

---

[1] P. Laroque. Le plan français de sécurité sociale [J]. Revue française du travail, 1999 (16): 221.

大限度地满足每个人的社保需求，使社保政策个性化，他认为社保制度对每个人的含义都是不一样的，每个人因为伤病、退休、生育等原因带来的损失是不一样的，这就要求制定不同的社保政策最大限度地弥补个人的损失。❶每个个体是嵌入在自身职业体系里的，每个人因职业产生的各种风险都是不一样的，皮埃尔·拉罗克的社保理念本身就带有行业化特点。因此，碎片化的社保制度不单是工人运动的结果，社保制定者作为行会主义文化的执行者也起到了非常重要的作用。

第三，皮埃尔·拉罗克在制定建立全国统一的社保制度计划时，反对直接废除代表行业利益的特殊制度，主张以补充保险的形式在一般制度基础上延续之前的特殊利益，这本身就预示着改革的不彻底。在工人运动的压力下，特殊制度于1946年以独立的形式出现在社保制度中。1948年，非农领薪制度和领薪农业者制度的建立与社保制度统一化的思想逐渐疏离，碎片化的加剧更加表明法国不可能脱离行会主义文化而建立一个贝弗里奇式的全民统一的社保模式。

1947—1967年，社保制度的完善阶段其实也是将不同行业群体纳入一般制度内和建立与特殊制度性质相同的补充制度的过程。1947年建立了官员补充退休制度（AGIRC），1952年建立了非领薪农业者的强制退休保险制度，1961年建立了非领薪农业者的强制医疗保险制度，1966年出台了非农领薪者的医疗生育制度，1966年建立了非领薪农业者工

---

❶ P. Laroque. Le plan français de sécurité sociale［J］. Revue française du travail, 1999（16）: 639.

伤、职业病补偿制度。

(四) 第四阶段：1970—1978年均一化改革阶段

即便是在以均一化为完善社保制度目标的改革阶段也不乏行业碎片化的政策。1971年旨在提高领薪农业者退休制度水平的法案出台，1972年建立了领薪农业者工伤保险制度，1978年神父和教会成员的特别制度建立。为了消除各个职业社会群体福利水平的差异，社保改革者在这个时期推出了均一原则为目标的改革计划。1972年，商人、手工业者退休制度被纳入一般制度中。1973年，商人、手工业者的其他制度也被纳入一般制度中。1974年的法案将建立全法统一的社保制度提上日程，主要涉及三个领域：生育、医疗保险，养老保险，家庭保险。❶ 然而，均一化的目的并没有就此达到，特殊制度的受益者拒绝降低他们的福利水平，甚至不惜提高分摊金缴费标准，改革对他们来说是徒劳的。非农领薪者和农业者、自由职业者和非领薪农业者保留了他们低分摊金和低补贴的特权。这次改革不仅没有将特殊利益纳入一般制度中，就改革本身的方案也是缺乏组织性和系统性的。德洛姆（Delorme）和安德烈（André）指出这项改革在保险项目和保障水平上都存在缺陷，失业保险、工伤保险、死亡险都被排除在外，并且补充保险不在被改革之列。❷ 这些漏洞都使

---

❶ B. Palier. Gouverner la sécurité sociale [M]. Paris: Presse universitaire de France, 2002: 116-117.

❷ R. Delorme, C. André. l'Etat et l'économie, un essai d'explication de l'évolution des dépenses publiques en France, 1870 - 1980 [M]. Paris: Seuil, 1983: 424.

得消除福利水平差异的改革只能是隔靴搔痒。特殊利益群体的不妥协显示出行会主义文化的根深蒂固，改革方案本身的缺憾也表明法国还不具备达到均一化原则的文化基础。

1884年，法国的工人运动是禁止的。在这期间，工人们建立起了秘密的互助组织和反抗组织，这些组织是建立工会和互助保险的基础。❶ 工会集合了工人阶级群体，互助保险则主要由中产阶级组成。法国总工会于1895年建成，天主教工会联盟于1919年建成。在现代社会，工会代替行会扮演了保障行业利益、维护行业发展的角色。

为了论证行会主义在现代社会中的地位，我们采用了访谈❷的形式来研究法国人对行会主义的态度和看法。在采访到的人中，所有人对行会主义抱有一种"宽容"的态度。

（1）认为自己的所得利益是正常的，心安理得的："我父母觉得买的药得到报销是正常的，法国人习惯于国家为其提供各项保障。法国人有这样的情绪，他们希望自己是被救助的。"（私营业主）"我们应该一直比我们的上一代生活的好，我们应该有足够的时间做我们喜欢的事情。假期、娱乐，所有这些。我们这一代人现在工作，我们的下一代有权利少工作并生活得比我们好。如果我们总是像我们的父母一样生活，我们的孩子以后像我们现在一样生活，这简直是不可思议的。"对利益和福利的不断争取是行会主义的主要表现，在法国社会则更多的是以行业的名义。

---

❶ B. Gibaud. De la mutualité à la sécurité sociale: conflits et convergences [M]. Paris: Atelier, 1986: 49.

❷ 笔者于2018年5月对在沪的30位法国人做了深度访谈，主题为社保制度和劳动关系。

(2) 受访者认为罢工不是一种应该受到谴责的行为，而是一种出于理性的行为："我尊重这项权利，这是人人拥有的权利。当然，有人罢工的时候，另一些人会受到影响，特别是公共交通的罢工，（还有）教师、清洁工。但是，人们这么做不是为了好玩，而是有原因的。"这位老师的心声也同时获得了一位学生的认同："对于你们（外国人），地铁罢工看起来很恐怖，但我已经习惯了。当然，对于巴黎人来说，这是一种苦难，但也不要过分妖魔化它。巴黎公交公司的员工不停地为了自己的兴趣而工作，他们不是懒汉。当他们停止工作的时候，肯定是有原因的。"另一位大学生对罢工等社会运动则有着独特的理解："他们（罢工的人）都是值得尊敬的人，是真正的职业劳动者。我认识一个地铁司机，他40多岁，他挣的比最低工资的数额就多一点。他每天早上4点多起床，生物钟被完全打乱了，工作条件也十分严峻。尽管有罢工，基本服务也得到了保证。"一位普通工人说："他们捍卫自己的权利是很正常的，不然谁为他们做呢？"受访者对罢工的相对宽容的态度实际上也是对行会主义的一种赞同和默许，他们认为行业通过捍卫自身利益的手段维护行业特权是正当的。

正如巴黎公交公司的员工所说："巴黎公交公司，人们并不重视它，只有当我们停止工作时我们才会得到重视。人们认为我们是受惠的，其实，我们的职业很艰辛。"这种在工作中缺乏认同感的感觉成为劳动者抱怨的主要动机。根据2008年的一项伊福普研究所（Ifop）调查，三分之二的劳动者认为不被承认是心理障碍的主要原因。根据另一项调查（Observatoire Cegos "关于企业里的社会关系"），45%的法国人觉得自己在工作中得到了承认。❶ TNS Sofres 的社会调查显示，不到一半的人认为他们的工作得到了认可，20 年来，工作没有得到应有的回报的评价态势呈上升趋势。1986 年，超过 24% 的人认为努力和价值没有得到真正的承认和奖励。2004 年，超过 37% 的人这样认为。❷

工资低，某些职业的社会认可度低，对个人努力的忽略是造成诸多劳动者认为自己工作没有得到认可的原因。法国人定义自己为"是某某人"而不是"做某某事"，也就是处于某个职业阶层的人、有职业归属感的人。在行会主义的保卫战中，利益的首位和职业地位的守卫同等重要。"行会主义会带来混乱、争议、对抗，但它同时是保障职业、社会群体社会融入的重要手段。"❸

法国的行会主义在行会消失的时候以其他形式继续出现在劳动关系中，并且被所有人认同和接受，以满足他们对行业地位和行业荣耀的追求。如同让-皮埃尔·塞加尔（Jean-Pierre Ségal）所说："行会主义给人一种自私、忽略公共利益的感觉，但其实法国人并没有那么害怕变革，他们只是在要求一个配得上他们的荣耀的地位，使他们可以成为一个职业群体里的一员，满足他们对'伟大'和'荣誉'的

---

❶ 2008 年由法国企顾司（Gegos）调查机构围绕 166 个人力资源经理和 2000 名员工做的问卷调查。

❷ 2004 年 9 月由索福莱斯（TNS Sofres）调查公司做的关于《法国对工作的看法》调查。

❸ B. Jobert, P. Muller. l'Etat en action. Politique publique et corporatisme [M]. Paris: PUF, 1987: 23.

追求。"❶

四、法国模式——传统和现代的结合

要建立劳动者的尊严,除了提高工资,加强企业或事业单位的人文关怀和心理关爱,还需要从建立劳动者的行业归属感着手,使传统的行业信条和行业自律得以重新成为职业文化中主流的价值观,与现代社会个人主义的价值观结合起来,使行业团结转化为行业的尊严感和责任感,提高劳动者的工作热情。

法国社会的整体运作离不开现代化的因素,生产效率、技术革新、工业进步都是现代化的体现。现代化的工作理念和每个人对传统的依恋和追求是密不可分的,对行会主义精神的文化传统的秉承其实是达到技术革新、生产效率的助力器。

社会学家迪尔巴尔纳在对美国、德国、法国三个工厂进行民族志调研的研究中阐述了传统和现代的共融性。他认为现代化的社会管理方式是建立在对传统的道德意识的遵从基础上的:"在这三个国家中,个人融入集体完全不是出于想隶属于一个人人都融合在其中的群体的泛泛的感情,而是出于遵守规章,履行职责,尊重程序的责任感。现代性的虚幻在于认为出于责任感而服从自己意识的个人只属于自然和理智。但是,事实上是由制约道德意识的传统决定的,传统使人们的道德意识有所不同。美国人正直,尊重合同;德国人

---

❶ J-P Ségal. Efficaces ensemble. Un défi français [M]. Paris: Seuil, 2009: 66.

注重群体；法国人关心荣誉。责任感使一个民族群体捍卫其传统和价值观，人们出于这种责任感，在理智地构筑组织他们共同生活的机构时，表现得既'现代'又'传统'。"❶法国的现代化的、高科技化的运作方式与法国传统观念意识上的责任是分不开的，这种责任感来源于对行会主义传统的恪守，对职业特权、职业荣誉感的绝对捍卫。

德国社会学家滕尼斯用"共同体"和"社会"来区分传统社会和现代社会的差别。传统社会有着共同的语言、习俗、信仰、价值观和传统，社会则被认为是相互独立的个人的一种并存，共同精神的意识的弱化，出于追求利益的目的对对方奴役、掠夺，双方产生对立或出于逐利的目的形成结盟。滕尼斯将人和人的关系解释为不同意志的驱使，"本质意志"将个人好恶、传统习俗、感性思维作为个人行动的准则，"选择意志"则将个人利益、目标实现、理智思维作为活动的思想动机。❷社会变迁的发展被认为是由"共同体"到"社会"，由感性思维到理性思维的过程。如此看来，现代社会以追求利益最大化为主要目的，情感价值和文化传统的重量微乎其微。换言之，整个社会的运作，大到制度构建，小到个人行为，都应当完全遵从个人利益最大化和市场竞争的理性法则，不考虑价值体系、道德意识等文化因素。从滕尼斯的"共同体"与"社会"到其他"现代性"理论

---

❶ 菲利普·迪里巴尔纳. 荣誉的逻辑［M］. 马国华，葛志强，译. 北京：商务印书馆，2005：30.

❷ 斐迪南·滕尼斯. 共同体与社会［M］. 林荣远，译. 北京：商务印书馆，1999：108.

的研究者提出的二元分析模式[1]，似乎都将传统和现代视为两个完全割裂的对立面，认为情感价值和理性机制应当分属传统社会和现代社会。现代性批判理论的发展使我们转变视角，认识到理性价值的消极影响并呼吁情感价值的回归，这也是对传统和现代并存、共融的最好证明。

　　社会学以及哲学中的几个重要观点也足以证明文化传统、个人情感在经济、社会发展中应该越来越受到重视。韦伯提出的"价值理性"的社会学概念就是在提醒民族文化和传统价值观的不可或缺，特别是在以经济效率为着眼点的工具理性化的时代。韦伯对于以牺牲价值信念和风俗习惯为代价的纯粹的工具理性感到忧虑和失望，特别是随着市场经济的发展，经济、政治、文化等领域逐步分化。除此之外，政治经济学的研究思路将国家的政治使命作为制约经济利益过度发展的手段，这一思路将民族文化、国民情感诉求纳入国家决策的体系之内。卢梭在批判现代性的思想中，认为公共意志不能凌驾于个人、各社会阶层的意志之上，应该重新将人置于整个社会秩序的中央。他还特别强调情感在现代社会中的重要性。尼采在反现代性的理论中批判现代理性压迫自我，应该用个人意愿、激情取代对理性世界的适应。他还提出了在西方理性文明的统治下，个体不应该只是共性的、普遍的，而应该具有民族的、文化的、传统的、特别的属性。因此，社保制度作为西方文明和现代化的产物，尽管已经考虑到了工业革命对人性压迫的危机，然而也需要更多地将民

---

[1] 如马克斯·舍勒的工商精神和形而上学精神的对立，亨利·梅因的契约和人身依附的对立，齐奥尔格·西美尔的自然经济和货币经济的对立。

族文化和社会阶层的特殊性考虑进去，使社保制度不至于因机械性、同质性、追求利益最大化而陷入现代化危机的困境中。

传统和现代两大力量成为传统学派和现代学派争论的焦点。现代学派认为启蒙运动带来的是对传统秩序、传统偏见、特殊主义的摈弃，现代秩序被认为是个人理性活动的结果，已经摆脱了传统的枷锁，进入普遍、统一的价值体系。现代学派学者让-弗朗索瓦·毕来德（Jean-François Billeter）描述道："在启蒙运动的思想中，由被监管的状态到自由的状态，是一种去除迷信，去除历史印记的过程……必须要谋划未来，摆脱历史和宗教的束缚，摆脱老旧习惯和老旧偏见的束缚。"❶传统学派竭力守护文化特殊主义，赞颂真实、根源、土地和血脉。弗朗索瓦·于连（François Julien）提出："人们来到世界上带着固有的、天赋的准则，带着不可避免的本能、天性，一种从出生开始就属于他自己的传统……他从来都只能是他的祖先所创造的他，他从来都不能改变他的命运。"❷艾德蒙·伯克（Edmund Burke）担忧大革命使骑士精神消失，他认为幻想、想象的传统构建了有序的社会生活。❸依波利特·泰纳（Hippolyte Taine）也赞同传统拥有的重要价值："宗教、国家、法律、习俗，所有道

---

❶ Jean-François Billeter. Contre François Julien [M]. Paris：Allia, 2006：198, 转引自：Fabrice Bouthilon. Zeev Sternhell et les Anti-Lumières [J]. Commentaire, 2007 (1).

❷ Jean-François Billete. contre François Julien [M]. Paris：Allia, 2006：198.

❸ E. Burke. Réflexions sur la révolution de France (1790) [M]. Paris：Hachette, 1989：97.

德生活的组成部分都会得到保留、振兴，这取决于新秩序的倾向。"❶

两大学派的争论使传统和现代成为两个完全对立、独立的意识形态，然而，现代社会的发展是伴随着文化传统的延续和复兴而发展的，传统和现代并不对立，而是相互融合和交融。社会学家迪尔巴尔纳关于美国、德国、法国的三个工厂的实证调研很好地反映了文化传统在现代化工厂管理中的核心作用，即我们是现代的，同时又是传统的。三个国家关于自由的定义中，17—18世纪的哲学家给出的观点是传统社会中民众对自由的看法和期待。洛克的观点是"自由就是财产权，个人的财产包括他的生命、他的自由和他的财富"❷。美国人的自由观在很大程度上吸收了洛克的思想，就是自己的命运不由他人主宰，可以自由处置自己的财产，使自己的财产不受到任何威胁。康德的观点则是"每个人的决策是为了大家，大家的决策也是为了个人"❸，德国人对自由的定义为参与共同决策的权利，公共意志的完全统一。法国人将自由看作"不在任何人面前屈尊，不因为利益而迎合任何人"❹。自由和"特权""特殊"相关联，和"荣誉""尊贵"相联系。在现代社会中，在工厂的管理中，旧制度下的传统文化逻辑依然继续反映在当今生活的方方面面。法国人

---

❶ H. Taine. Les origines de la France contemporaine. L'Ancien régime (1875) [M]. Paris: Robert Laffont, 1986: 155.

❷ Locke. Two treatises of govermment [M]. Cambridge: Cambridge University Press, 1690: 87.

❸ Kant. Métaphysique des moeurs [M]. Paris: Flammarion, 1796: 598.

❹ Siyès. Qu'est-ce que le tiers état [M]. Paris: Flammarion, 1789: 28.

工作的方式始终是捍卫自己的职业特权并履行自己的职业责任，不低声下气地提供服务，在上级面前仍然保持自己的职业自主性，这些工作方式都是传统的"职业的荣誉感"的文化的延续。❶ 在美国工厂里，严格执行合同规定的规章制度，任何人不可享有特权，上级对下级的生产指标和效果进行规定和评价，也是契约精神的延续，是对劳动力，即自己的财产拥有自由的处置权，经过契约双方的书面承诺，劳动者也就是选择了如何处置自己的劳动力，包括工作时间、工作待遇、考核方式等，并会严格遵守合同的约定。❷ 在现代社会中，先进的生产设备、效率化的管理方式都是现代性的特征，然而，这并不妨碍传统浸入现代中帮助更好地实现现代化。

五、结　语

全球化背景下中法交流应当更加关注职业间的相互交流，互相学习职业精神。法国的行会主义模式是法国从中世纪开始流传至今的模式，缔造了法兰西民族的职业传统，以行会的规章要求行业自身，为行业的发展提供了稳定的精神支撑和丰富的文化内涵，是法国社会得以运作的保障。中国社会在营造优良职业风气的背景下，借鉴法国的做法注重职业精神的缔造和职业传统的传承，维护各职业阶层的利益和地位，中华民族的伟大复兴当立足于劳动者对职业的热爱和

---

❶ 菲利普·迪里巴尔纳. 荣誉的逻辑［M］. 马国华，葛志强，译. 北京：商务印书馆，2005：99-103.

❷ 菲利普·迪里巴尔纳. 荣誉的逻辑［M］. 马国华，葛志强，译. 北京：商务印书馆，2005：156-159.

坚守、对工匠精神的塑造和传承。

参考文献

[1] 菲利普·迪里巴尔纳. 荣誉的逻辑[M]. 马国华, 葛志强, 译. 北京: 商务印书馆, 2005.

[2] 斐迪南·滕尼斯. 共同体与社会[M]. 林荣远, 译. 北京: 商务印书馆, 1999.

[3] B. Gibaud. de la mutualité à la sécurité sociale: conflits et convergences [M]. Paris: Atelier, 1986.

[4] B. Palier. Gouverner la sécurité sociale [M]. Paris: Presse universitaire de France, 2002.

[5] E. Burke. Réflexions sur la révolution de France (1790) [M]. Paris: Hachette: 1989.

[6] E. Coornaert. Les corporations en France avant 1789 [M]. Paris: Gallimard, 1941.

[7] G. Fagniez. Documents relatifs à l'hisoire de l'industrie et du commerce en France [J]. Paris: Alphonse Picard et Fils, 1898 (1).

[8] H. Hatzfeld. Du paupérisme à la sécurité sociale 1850-1940 [M]. Nancy: Presses universitaires de Nancy, 2004.

[9] H. Taine. Les origines de la France contemporaine. L'Ancien régime (1875) [M]. Paris: Robert Laffont, 1986.

[10] J. F. Billeter, contre François Julien [M]. Paris: Allia, 2006.

[11] J-P Séga. Efficaces ensemble. Un défi français [M].

Paris: Seuil, 2009.

[12] B. Jobert, P. Muller. l'Etat en action. Politique publique et corporatisme [M]. Paris: PUF, 1987.

[13] Kant. Métaphysique des moeurs [M]. Paris: Flammarion, 1796.

[14] Locke. Two treatises of govermment [M]. Cambridge: Cambridge University Press, 1967.

[15] P. Laroque. Le plan français de sécurité sociale [J]. Revue française du travail, 1999 (16).

[16] R. Delorme, C. André. l'Etat et l'économie, un essai d'explication de l'évolution des dépenses publiques en France, 1870-1980 [M]. Paris: Seuil, 1983.

[17] R. Castel. Les métamorphoses de la question sociale [M]. Paris: Fayard, 1995.

[18] Siyès. Qu'est-ce que le tiers état [M]. Paris: Flammarion, 1789.

[19] T. Taurant. Les régimes spéciaux de sécurité sociale [M]. Paris: Presse universitaire de France, 2000.

[20] Y. Tinard. L'exception française [M]. Paris: Maxima Paris, 2001.

（原文发表于《江苏商论》2022年第1期，有修改）

第三部分　法国文学文化研究

法国的对外文化传播策略研究

摘　要：法国的对外传播策略具有强势输出和合作共赢的特征。通过"文化例外"和"文化多样性"的政策保护本国文化不受外来文化的侵袭。通过"双边"及"多边"合作的方式，与他国开展文化交流和合作。这种唯文化论的观点让法国在国际舞台上享有文化大国的盛誉和国际影响力，形成了独具特色的对外传播路径，对于我国文化的对外传播有着一定的启示意义。

关键词：传播工具；文化属性；传播策略

一、文化部的绝对管理

法国1958年成立文化部，马尔罗任部长，所有的文化活动和事务都归文化部管理，在法国，把文化作为一项全国性的事务，由国家最高统治层进行统一管理和规划的历史可以追溯到17世纪法王路易十三、路易十四统治时期。[1] 1959年，法兰西第五共和国正式组建文化事务部，将文化事务集中在专门的中央政府机构中，标志着法国开始有了"完整的文化政策"。[2] 1959年7月，戴高乐总统任命法国著名作家

---

[1] P. Poirrier. L'État et la culture en France au XXe siècle [M]. 2 ed: Paris: Le Livre de Poche, 2006: 15-16.

[2] 肖云上. 法国的文化政策 [J]. 国际观察, 1999 (6): 50.

马尔罗为文化事务部长。1959年7月24日的政府令明确了文化事务部的职责:"使最大多数法国人能够接近人类的尤其是法国的文化杰作,确保他们对我国文化遗产的兴趣,促进文化艺术创作,繁荣艺术园地。"❶

伴随着教会对社会生活影响力的衰弱,加上统治者个人的大力推动,法国中央政府不仅将对文艺创作的审查权控制在自己手中,而且成为文艺创作最大的资助者。在这一时期,还成立了全国性的专业艺术机构,承担起文艺人才培养、文艺作品创作的功能。比如音乐学院、美术学院、建筑学院和皇家手工艺工场(壁毯、瓷器)等。这些措施使当时欧洲国力最强的法国迅速成为欧洲的文艺中心,奠定了法国文化大国的地位。文化部享有绝对控制权,不允许其他部门干预文化部的管理,这就为文化部的专业性和独特性奠定了基础,将文化事业放在国家发展的首位,以管理决定文化软实力发展的方向。

法国从中央到地方建立起了文化管理机构,中央政府派代表、领导。从1977年开始,法国中央文化和通讯部在大区设立地区文化局,形成自上而下的垂直文化管理系统,文化政策的集权化特征显著。在文化治理上,以政府扶持和保护为主,采取行政拨款方式,而拒绝采用市场机制。

在内政方面,文化部作为统筹规划文化事业的国家政府部门,具有重要地位。法国文化部下设18个处理地区性文化事务的机构,78个公共文化部门及21个包括国家级博物馆在内的公共服务场所。文化部还向地方派驻文化顾问,统

---

❶ 肖云上.法国的文化政策[J].国际观察,1999(6):50.

一部署、协助开展地区性文化工作。为了弘扬民族文化，法国政府加大对文化场馆及展览活动的投入力度，并制定出台了一系列惠民政策，切实落实文化大众化的政策。比如，规定欧盟国家的所有在校学生以及教授、记者、艺术家，均可免费参观法国国立博物馆；每年9月的第三周周末举办"欧洲文化遗产日"活动，其间总统府、总理府在内的政府官邸以及众多国家历史文化古迹均向公众免费开放。

有学者认为，法国真正开始推行现代意义上的文化外交政策，始于1959年，法国著名作家安德烈·马尔罗出任戴高乐政府的负责文化事务的国务部长，并组建文化部。马尔罗提出，文化部的职能不应局限于负责国内文化事务，海外的文化事务也应交由文化部负责。虽然他所竭力倡导的对外文化政策机构由外交部转交给文化部负责的构想最终未能实现，但在他的推动下，法国逐渐建立起一套真正负责文化事业的行政机构，建设这套机构的大部分组织原则促成了文化部与外交部如今的紧密关系，双方的密切合作也使得文化外交政策的相关业务开展得更加专业化、细致化。❶ 也就是说，文化部负责与文化相关的一切活动、政策，使文化的发展更加专业化、细致化。

法国文化部始终是文化遗产保护的核心机构。文化部下又设有负责各种不同类型遗产的部门，在地方也设有负责文化遗产保护和管理的行政机构。除此之外，法国还设有部际联合机构，负责协调不同部门在文化遗产保护和管理过程中

---

❶ 赵超. 国建构国家文化软实力的措施［J］. 当代世界与社会主义，2011(6).

的职责。

中央集权的管理方式还包括向地方派驻代表。指派大区文化部部长,向地方派驻文化顾问,并采取直接拨款的方式。政府向直接管理的文化事业单位拨款,占其全部收入的60%。对于公共文化设施与文化活动,政府给予高额补贴。例如,法国政府每年拨出几亿欧元用于兴建图书馆、博物馆、剧场等文化设施。

二、强势输出战略

法国利用各种渠道强势推出法国的文化,以"文化例外"拒绝将法语和法国文化推向市场化的交易,保护语言和文化的绝对优势,甚至将法语和法国文化的占比扩大。这种强势输出的手段其实就是要捍卫法国文化和法语的主导地位。"文化多样性"政策实质上是在反对美国文化的霸权主义,将法国文化放入和美国文化同等的竞争地位,这也是一种强势输出的信号,拒绝美国文化的侵袭。

法语联盟是法国对外进行法语传播的主要推动者。成立于1883年的法语联盟自19世纪末就在世界上建立了一个庞大的法语教学网络,它同时也是法国最早的文化外交网络。法语联盟虽不是法国官方机构,却与政府有密切的协作关系,肩负着重要的公共使命:在世界各地提供法语课程、推广法国及法语区国家文化、促进文化多样性。2018年,法语联盟在全球范围内131个国家共建有832家分支机构,在册法语学习者达47.4万人。就目前法语联盟的地域分布及招收学员、提供课程的情况来看,它在南美洲、北美洲和亚洲的影响力甚大,是法国在非洲之外大力推广法语的结果使然。借助法语联盟和法国文化中心的全球网络,法国通过文艺展演、图书会展、学术研讨、语言与留学交流等形式,广泛吸引目标国的学术人才和管理精英,使法国的文化影响力在世界各地自上而下地得到提升。

除此之外,法国在各国设有法国文化中心,北京法国文化中心是一个文化执行机构,近似于中国的"孔子学院",是法国文化海外推广的标识。法国文化海外推广的机构设立统一使用 Institut français 的名称和标识。法国文化中心于 2004 年 10 月在北京工体西路落成,向所有对法国和法国文化感兴趣的人开放。这里每天下午都会放映经典好看的法国电影。

对外视听宣传成为法国文化外交的一项重要手段。法国国际广播电台、电视 5 台、法国电影联盟和法国国际频道成为法国对外传播的媒介。法国国际频道通过为非洲提供免费的法语节目传播法语和法国文化。法国国际广播电台用多种语言播出节目,让更多人了解法国。❶

法国对外传播的方式跨越了传统的文学、艺术的优势,同时兼顾科学和技术,比如法国的空客和高速火车成为世界关注的焦点,这也是法国注重技术领域的开放和对外传播。法国巴黎国际航天航空展览会作为世界航天航空工业最重要的盛会,吸引全球的国家和地区的参展商参展,向世界各地推广法国的航空文化。在农业方面,法国也通过农业博览会来向世界展示法国的农产品和行业文化。法国红酒文化中心除普及葡萄酒知识、培养消费者的葡萄酒品鉴能力外,还给

---

❶ 彭姝祎. 试论法国的文化外交 [J]. 欧洲研究, 2009 (4).

当地市民带来纯正的法国葡萄酒。该机构所提供的葡萄酒由法国酒庄自行种植酿造，直接由法中交流促进会负责进口，没有任何中间环节，定期举办中法葡萄酒文化节，以及各种葡萄酒主题品鉴会，介绍法国优质葡萄酒。

文化例外坚持法语和法国文化的绝对主导地位，使法国文化在本土范围内得到传播，其实是某种意义上的强势输出。它不只是一个关税和贸易谈判的协定，而是文化政策和文化外交上的一个强理念。这使得法国在市场经济框架下得以保护自己文化产业的发展，抵制美国文化的外来侵略，使之在对外文化的行动中占有强势的地位，确保其文化价值观的广泛传播，并将其文化产业的发展延伸至更广的范畴。

通过机构调整，整合对外文化传播的力量。近年来，法国对驻外文化机构和文化中心进行了一系列改革，旨在更好地整合力量，以高效率、低成本的运作方式在海外开展对外文化传播工作。2006年，"法国艺术行动协会"与"法国思想传播协会"合并，建立"文化法国"理事处。"法国艺术行动协会"原为隶属外交部的公共行政机构，在艺术、建筑、遗产、文化工程等领域负责开展海外文化交流与发展援助；"法国思想传播协会"原为隶属文化部并受外交部托管的公共行政机构，主要负责法文书籍的推广宣传；"文化法国"理事处由外交部和文化部共同托管，均无隶属关系。两家机构的整合旨在厘清行政关系、提高机构效率以及动员包括地方行政机构、基金会、私人资助者在内的政府以外的力量。2010年，延续这一思路，机构改革得以继续推进："法国学院"（Institut français）取代了"文化法国"理事处，其身份也随之由政府托管的公共行政机构转变为具有产业性和商业性的公共机构，行动范围进一步扩大，资金实力也进一步加强。法国政府希望把推动海外文化活动的任务全部转交给该性质的公共机构承担，这些活动涉及对外艺术交流以及图书、电影、法语、知识和思想的全球推广，同时也希望将"法国学院"打造成为法国文化在海外推广的全球标志。这些机构在一定程度上强化了法国对外传播的能力，以法国闻名的艺术、建筑、遗产为传播的主要渠道，推动全球文化话语权的建立。文化多样性看似是以退为进的策略，其实也是法国文化政策强势主导的主要战略。文化例外强调文化不同于一般商品，既有一定的商品属性，又承载着重要的精神和文化内涵。文化例外原则对美国的文化霸权进行了反击，很大程度上保护了法国的文化。

三、合作共赢战略

法国在文化政策方面坚持文化共赢的方针，与各个国家保持长期合作的关系和姿态，并在本国积极传播其他国家的语言、文化，而不是一味排外。这为法国文化在其他国家的传播奠定了基础，形成合作、共赢的有利局面。

法国致力于加强与其他国家的联合培养计划。吸引硕士、博士、研究人员来法学习，以增强此类人群传播法语和法国文化的能力。法国政府成立的"留法俱乐部"通过密切联系学成回国的留学生宣传法语和法国文化。

文化节庆活动也是法国和其他国家采取的重要手段。从2001年开始，法国每年都与一国或多国互办文化年，比如"中法文化年""中法文化之春"。同时，法国借助国际组织的力量传播法语和法国文化，许多国际组织的官方语言都为法语。法国积极参与联合国教科文组织的国际合作，并加强自身在国际奥委会的官方语言的地位。

国际法语国家组织（IFO）的宗旨是凝聚和壮大法语世界的力量，法国和法语为官方语言的国家以及前殖民国家建立合作，借助他们的力量强化法语和法国文化在世界舞台上的地位。

作为法国对外文化合作的"新行动者"，法国文化中心可视为新时期法国文化外宣系统合作机制下的产物。该中心成立于2011年，受外交部的领导及资助。文化部和教育部是中心的合作伙伴，参与其发展目标及行动计划的制定，并协助一些项目的实施。根据2011年2月的统计，法国文化中心巴黎总部的员工数量为160人，99人来自法国文化协会，40人来自外交部，10人左右来自教育部，10人左右来自文化部。可见，为提升文化合作的专业性与有效性，法国政府把与文化传播相关的4个机构联合起来，使其能够相互协作，各施所长，形成合力。[1]

四、文化遗产的保护战略

法国对外传播的策略还包括对本国文化遗产的保护和维护，使法国的历史建筑和文化遗产享誉世界。国家支持古建筑的维护和修缮，比如卢浮宫、法国国家图书馆、法国喜剧院、国家高等音乐和美术学院、美术精英学校、国家美术和装饰学院、巴黎歌剧院、凡尔赛宫和枫丹白露、蓬皮杜中心

---

[1] 雷霁. 文化合作：法国对外文化传播的突围之策［J］. 法国研究，2016（2）.

和巴士底歌剧院。100个历史建筑由国家建筑中心管理和资助，其中有34个博物馆。32%的经费贡献给了文化的大众化和知识的传播。国家在电影、戏剧、塑料艺术、教育等方面也给予了大力的支持，使得这些行业能够在法国得到发展。除此之外，对艺术人才的培养也是法国保护文化遗产的重中之重。国家在艺术人才的教育体系和专业人员的培养上投入了很多，对文化从业者的职业发展起了很大的推动作用。在很多艺术行业通过减免税收促进这些产业的发展，比如电影行业、图书行业。比如法国专门设置了"法国国家建筑师制度"，以维护和保管历史性建筑，并对修复和改造历史性建筑提供建议。

文化遗产保护居于首要地位，对内扶持高雅艺术，对外展示法兰西文化的辉煌，是其文化政策的重中之重。长期以来，法国积极推行"国家干预"的形式来保护文化遗产，其构成法国文化遗产保护的核心政策，注重运用法律来保护文化遗产，在使最大多数法国人接触法国文化这一思想指导下，不断扩大文化遗产保护范围，吸引多方主体参与到文化遗产的保护中，将文化遗产保护和利用较好地结合起来，在延续传统和开拓创新中，形成了独具特色的文化遗产保护模式。正是法国的这种对内的扶持政策使得法国的艺术和文化享誉世界，形成了对外传播的格局。

遗产保护法通过国家主导和监管机制推行。严格的进入和退出制度使法国的历史文化遗产成为公有的、不可转让的，要想退出公有制，必须采取解除分类的措施。监管制裁使任何损害文化遗产的行为都会受到惩罚，有效地保护和监管了文化遗产和财产。[1] 除此之外，法国对热衷于传承和保护文化遗产的市民和机构给予鼓励和补贴。税收减免政策也是鼓励文化建筑保护从业人员投身文化保护事业的一项有力措施。

国家在文化遗产保护方面始终扮演着主导角色。例如，法国将国家及公共机构所有的历史古迹低价对外开放；对个人所有的历史古迹通过税收优惠政策鼓励其对外开放；设立免费参观日、文化遗产日、25岁以下的公民以及教师可免费参观文化遗产，等等。如卢森堡公园是法国参议院所在地。公园免费向公众开放，参议院所在地也可定期免费参观。应当说，法国政府为民众参观和了解民族文化遗产提供了各种便利和机会。在一定程度上，提高了民众参与文化遗产保护的意识和热情，同时也宣传了法国的历史文化，促进了其旅游业的发展。

法律保护机制在法国文化遗产保护方面起到了核心和主导作用。比如1887年3月颁布的《历史古迹法》对具有历史和艺术价值的古迹予以分类保护。文化遗产立法体系健全，法律保护理念对传统文化价值予以了高度重视。

法律法规倡导保护历史、科学和审美价值，强化了文化遗产的民族性和国家性。国家始终秉持着保护个人及单位所有文化遗产的管理和保护的原则，在对文化遗产实施科学、民主化的管理的同时，坚持基于公益目的的可持续的开发和

---

[1] 郭玉军，王岩.法国文化遗产保护立法的沿革、特点及对中国的启示[J].武大国际法评论，2020（1）.

利用，使文化遗产成为法国文化复兴的精神源泉。[1]

除此之外，法国国家建筑师制度旨在培养文化保护的专业人才。"法国国家建筑师"具有很高的权威性和专业性，对某位国家建筑师负责的保护区内的任何一栋建筑进行修复或改造，都要听取其建议。法国长期致力于对文化遗产保护的宣传教育工作，注重对传统技艺的传承和发扬。此举保证了文化遗产管理和建筑修缮管理的有效性。在《遗产法典》中，共有6处"法国国家建筑师"的相关规定。[2]

五、数字化战略

法国积极推行数字化策略，法国数字博物馆向全世界读者提供丰富的数字文献；政府利用征收电影发行税以及设立专门基金的方式对电影院进行数字化改造升级；对卢浮宫开放虚拟数字博物馆。2017年12月15日，法国欧洲事务部长公布法国国际数字战略，明确法国参与全球数字化进程的框架与路线图。建立数字化大学的战略措施使法国高等教育实现了数字化管理，将教学资料全面数字化，从资料搜集、建立专业术语库、语言翻译软件研发、混音识别技术、语言翻译技术等，对师生进行信息通信技术培训，同时为远程教育提供了可能。同时，法国将文化传播与科技合作融为一体，利用数字技术积极参与国际科研合作。通过先进的通信技术推广顺应数字时代要求，法国制定了"文化数字化"战略。

---

[1] 叶秋华，孔德超.论法国文化遗产的法律保护及其对中国的借鉴意义[J].中国人民大学学报，2011（2）：10-19.

[2] 郭玉军，王岩.法国文化遗产保护立法的沿革、特点及对中国的启示[J].武大国际法评论，2020（1）.

将艺术与数字技术结合，展示宫殿魅力，并将文化例外这一概念由法国国家层面转向欧洲层面。例如，一项名为"欧洲数字图书馆"（Europeana）的计划和"虚拟凡尔赛宫之旅"特展，就是一个很好的例子。随着欧洲委员会于2008年11月推出该项计划，法国国家图书馆实施了一个"线上图书馆"的项目，将欧盟成员国的图书进行数字化资源整合，包括图书、杂志、文献、照片、视听材料。从计划实施起已有1000万册电子资料可以在"欧洲数字图书馆"的网站上免费查阅。法国积极推进数字图书馆项目，数字图书馆是欧洲国家在文化层面已经落地的合作项目，法国的积极倡导和参与提高了法国在欧盟文化事务中的地位，也向欧盟其他成员国展示了法国数字技术的发展及应用，扩大了法国"文化数字化"战略的影响力，促使所有法国人及欧洲人都可以接触到数字化网络，保障并加速数字化产品的生产和供给，促使数字化产品的使用和服务更加多样化。[1]

六、结　　语

法国的对外传播策略呈现出政府绝对管理、强势输出、合作共赢、保护文化遗产、数字化的特征，对保护法国文化、促进国际传播起到了重要的作用。中国在文化传播的路径上，可借鉴法国模式，提升政府的管理效能、利用各渠道输出中国文化、促进和其他国家的交流、合作、寻求中国文化在国外的代言人，提升文化保护的效力，加强数字化，实

---

[1] 邓文君. 数字时代法国对外文化传播策略研究［J］. 天津师范大学学报，2015（3）.

施促进文化走出去的战略。

参考文献

［1］邓文君.数字时代法国对外文化传播策略研究［J］.天津师范大学学报，2015（3）.

［2］郭玉军，王岩.法国文化遗产保护立法的沿革、特点及对中国的启示［J］.武大国际法评论，2020（1）.

［3］雷霈.文化合作：法国对外文化传播的突围之策［J］.法国研究，2016（2）.

［4］肖云上.法国的文化政策［J］.国际观察，1999（6）.

［5］叶秋华，孔德超.论法国文化遗产的法律保护及其对中国的借鉴意义［J］.中国人民大学学报，2011（2）：10-19.

［6］赵超.法国建构国家文化软实力的措施［J］.当代世界与社会主义，2011（6）.

［7］P. Poirrier. L'État et la culture en France au XXe siècle［M］. 2 ed. Paris：Le Livre de Poche，2006.